道路线形设计与安全评价

DAOLU XIANXING SHEJI | YU | ANQUAN PINGJIA

王路 著

江苏大学出版社
JIANGSU UNIVERSITY PRESS
镇 江

图书在版编目(CIP)数据

道路线形设计与安全评价 / 王路著. -- 镇江：江苏大学出版社，2023.5
ISBN 978-7-5684-1987-1

Ⅰ. ①道… Ⅱ. ①王… Ⅲ. ①公路线形－线形设计 Ⅳ. ①U412.3

中国国家版本馆 CIP 数据核字(2023)第 088093 号

道路线形设计与安全评价

著　　者/王　路
责任编辑/李经晶
出版发行/江苏大学出版社
地　　址/江苏省镇江市京口区学府路 301 号(邮编：212013)
电　　话/0511-84446464(传真)
网　　址/http://press.ujs.edu.cn
排　　版/镇江文苑制版印刷有限责任公司
印　　刷/镇江市江东印刷有限责任公司
开　　本/710 mm×1 000 mm　1/16
印　　张/14.75
字　　数/220 千字
版　　次/2023 年 5 月第 1 版
印　　次/2023 年 5 月第 1 次印刷
书　　号/ISBN 978-7-5684-1987-1
定　　价/58.00 元

如有印装质量问题请与本社营销部联系（电话：0511-84440882）

前言

我国传统的道路线形设计采用“确定性”设计方法，在确定设计速度后，根据规范选取不超过极限控制的指标值，满足规范要求的设计通常被认为是合理可靠的设计。这样的设计存在两个潜在问题：一是规范中只提供了设计指标确定的上限值或下限值，对一般性取值未作约束，其安全水平无法保证；二是单个指标虽满足规范要求，但无法保证其组合叠加在一起后依旧满足安全需求。

目前，对于规范中未作约束的参数值，其安全水平主要由设计者自行控制，这使得道路线形设计指标选用具有一定的随意性，并存在“恶意透支”使用规范的风险。随着对安全宽容设计理念的深入贯彻，更多的设计者认识到：简单地满足规范的设计未必有足够的安全性；对于规范中没有约束的部分，如果其靠近极限值的准临界值，那么应该有合理的量化方法来确保指标使用的安全性。因此，为了量化指标值的选用，本书将设计参数看作变量，引入概率设计理论。对于指标组合，考虑到道路线形是空间三维的带状路径，需要使用三维的评价方法来判断线形设计质量。

本书共分为七章。第一章为绪论，概述了当前国内外道路线形设计的基本理论与方法，总结了道路线形安全评价方法的发展历程与研究现状，明确了道路线形指标研究的发展趋势和研究重点。第二章为道路线形敏感性指标设计，综述了国内外道路线形设计中指标参数的选用方法和具体实践现状，通过对比分析中美、中日等国家设计规范中线形指标设计的相关规定，得出本书重点研究的 13 个敏感指标，讨论了不同情境下道路线形指标组合的差异性。第三章为道路线形设计模拟与仿真，基于驾驶模拟仿真软件 UC-win/Road 和车辆动力学仿真软件 ADAMS/Car，分别对道路线形指标组合进行计算机模拟仿真试验，进而确定“人—车—路”系统中道路因素对车辆、驾驶人因素的影响；通过分析线形敏感指标与驾驶员生（心）理反应、车辆动力学性能参数的关系，为设计线形参数优化和安全评价提供基础。第四章为基于可靠度理论的道路线形设计，采用结构设计中的极限状态理念，考虑供给与需求之间的关系，引入可靠度设计理论对道路线形重要参数指标进行可靠性研究，构建极限状态方程，采用一阶可靠度数值计算和蒙特卡罗仿真抽样方法分别计算量化了平面最小直线长度、纵断面准临界坡长、横断面加宽指标等参数的可靠性取值，并进行了敏感性分析，给出了可靠度计算的推荐值。第五章为基于三维空间连续性的道路线形指标评价，道路线形是空间变化的曲线，其路径主要由平、纵线形元素组合而成。本章基于空间曲线相对不变特征量的路段曲率和挠率的变化，对道路线形三维整体进行分析和评价，利用道路线形作为一条空间曲线的数学特征与物理含义构建事故率与道路线形之间的关系，从而实现对道路线形的评价。第六章为道路三维线形指标安全评价，对第二章筛选的 13 个平、纵、横重要指标进行敏感性分析，最终将其简化为 11 个指标变量，构建道路线形评价指标体系；同时引入相对事故率概念，建立平、纵、横线形指标与相关事故率之间的回归模型，通过数值处理与模型修正，确定了三维线形综合评价指标，最终实现采集的道路和事故数据对三维线形综合评价指标进行安全水平标定和分析。第七章为结论与展望，对全书的主要研究结论进行了总结，提出了本书的创新点、不足以及需要进一步开展的工作。

本书围绕我国传统的道路线形设计理论、方法的局限性展开讨论，结合最新的理论研究成果，量化道路线形设计指标值选用，将设计参数看作变量，引入概率设计理论；对于指标组合，考虑到道路线形是空间三维的带状路径，使用三维的评价方法判断线形设计质量。本书既立足于传统的道路线形设计理论与方法，又关注国内外最前沿的道路线形设计理念与方法，有机融入作者最新的研究成果，以满足读者对现代道路线形设计的学习需求。本书为读者提供了一个较为完整的道路线形设计学习框架，可供从事道路设计、施工、交通运营管理等行业的技术人员、管理人员阅读参考。

本书的重点是道路线形组合设计指标参数选取和量化的理论与方法，以及道路线形设计的安全评价方法；特点是将传统的、非量化的道路线形设计方法推向量化的、可靠的设计方法，并给出新的评价标准，进而更加有效地确保道路线形设计的可靠性。限于作者水平，书中难免会有疏漏或不当之处，敬请读者批评指正。

王　路

2023 年 3 月于江苏大学

目录

01

第　一　章

绪论

第一节 研究背景及意义

我国公路建设历经改革开放以来40多年的高速与跨越式发展，取得了巨大成就。目前，全国公路网已基本建成。2021年交通运输行业发展统计公报显示，截至2021年年末，全国公路总里程已达到528.07万千米，比上年末增加8.26万千米。公路密度为55.01千米/百平方千米，增加0.86千米/百平方千米，如图1-1所示。公路养护里程为525.16万千米，占公路总里程的99.4%。我国道路交通网络实现了由“初步连通”向“覆盖成网”的重大跨越。

图1-1 2016—2021年年末全国公路总里程及公路密度

2021年年末，全国四级及以上等级公路里程达506.19万千米，比上年末增加11.74万千米，占公路总里程的95.9%，比上年提高0.7个百分点。其中，二级及以上等级公路里程达72.36万千米，比上年增加2.13万千米，占公路总里程的13.7%，比上年提高0.2个百分点；高速公路里程达16.91万千米，比上年增加0.81万千米，其中国家高速公路里程为11.70万千米，比上年增加0.40万千米。国道里程达37.54

万千米，省道里程达 38.75 万千米。农村公路里程达 446.60 万千米，其中县道里程为 67.95 万千米、乡道里程为 122.30 万千米、村道里程为 256.35 万千米。2021 年年末全国公路里程分技术等级构成如图 1-2 所示。

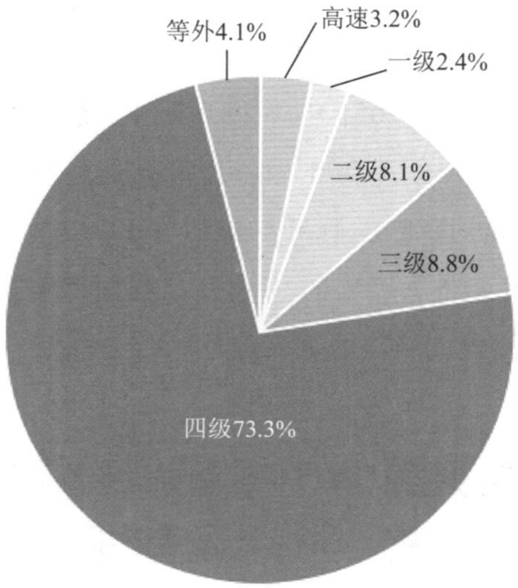

图 1-2　2021 年年末全国公路里程分技术等级构成

虽然我国道路建设取得了举世瞩目的成就，但道路安全运营状况依然严峻。据国家统计局数据，我国近年来交通事故数量虽逐年下降，但基数依然庞大，每年因交通事故死亡的人数还维持在 6 万人以上，如 2021 年我国交通事故死亡人数为 62218 人，交通事故受伤人数为 281447 人，造成的直接财产损失超过 14 亿元人民币。这只是记录在案的事故数据统计，实际情况可能会更糟糕。

目前，从道路自身因素考虑交通事故原因的分析和研究工作还不够深入，一些问题有待进一步研究：

① 早期参照旧版本规范设计、建设的道路依然在运营使用，一些路段事故频发，需要根据新规范进一步梳理安全因素的敏感指标；

② 现有的《公路路线设计规范》JTG D20—2017（以下简称《规

范》）与《公路工程技术标准》JTG B01—2014（以下简称《标准》）中仅提供指标的上限值或下限值，对一般取值不设约束，也未提供具体的计算方法，这些都给设计带来不确定性；

③ 对于指标一般取值，其安全水平主要由设计者根据自身工程经验判断，一些准临界（接近极限值）状态设计以“打擦边球”的形式出现，指标选用缺乏定量优化的手段，不合理的情况时常发生；

④ 单个指标满足规范要求，组合后的三维道路线形缺乏有效评价方法；

⑤ 目前要实现真三维环境道路设计还比较困难，基于二维设计叠加后的道路三维表现尚有研究的价值，构建三维综合评价体系或评价指标能够较为客观地评价道路三维运行状态的安全水平。

道路线形设计的影响因素（指标）众多，可将其看作具有不确定性的随机变量。我国设计规范在约束这些因素（指标）时，常简单地采用相对保守、安全的极限值作为控制指标选用的依据（通常过于安全）。例如，我国《城市道路工程设计规范（2016 年版）》CJJ 37—2012 中规定，当设计速度为 100 km/h 时，城市道路不设缓和曲线的最小圆曲线半径取值为 3000 m，而美国“绿皮书”——《公路与城市道路几何设计政策》(*A Policy on Geometric Design of Highways and Streets*, 2011）中不设缓和曲线的最小圆曲线半径取值为 592 m，两者相差较大。我国道路设计规范对于指标限值的规定相对保守，这往往会造成不必要的工程投入。

我国规范仅对极限值作明确规定，而对一般指标值缺乏有效约束。在实际工程中，设计者往往因地形条件限制而“刻意透支”使用规范，采用“规避”规范中部分指标约束的准临界设计方案（欠安全）。例如，《规范》中针对不同纵坡坡度有最大坡长限制，设计速度为 120 km/h 的高速公路，3%纵坡坡度对应的最大坡长为 900 m，而实际案例中有选用 2.9%的准临界坡度（规范对 2.9%纵坡坡度没有坡长约束），取 1800 m 坡长值。这样的设计显然超出合理的取值范围却不受规范约束，通车后证明其为事故高发路段。因此，一个重要的问题值得思考：如何选用和评价设计规范中没有明确规定的一般取值以确保道路设计的安全性？

道路线形设计质量的评价手段多为单一的指标分析和定性判断。单一设计指标的研究及优化是有价值的，能够局部反映线形设计质量的好坏；从定性分析到定量分析是基本的研究发展途径，能够由浅入深地认识事物。但如果仅通过研究平曲线半径取值分析道路线形安全状况，这显然简化了道路的研究模型，忽略了道路作为一个空间三维几何实体的事实。因此，本书基于前人研究，先采用从单个指标定性分析到定量研究的过渡；再通过从单个指标评价向多指标组合评价延伸的研究思路开展研究。

考虑到道路线形空间三维特征与人—车—路系统中道路运行的状态，本书采用仿真技术，基于可靠度理论、空间三维连续性设计理念以及线形综合评价指标等开展研究，研究的意义主要表现在以下几个方面。

（1）确定道路线形敏感设计指标对交通安全的影响

我国以往的道路线形设计研究很少有系统地梳理和综合分析指标值的选用的。本书通过整理文献和对比国内外主要道路线形设计规范，分析整理了对安全影响较大的 13 个重要设计指标，其中包括部分指标组合后的特征指标，如缓圆比、曲率等；通过构建驾驶模拟仿真与车辆动力学仿真平台，对道路线形设计中指标对人—车系统的影响与反馈进行定性分析，确定了道路线形指标不仅会直接影响交通安全，而且会诱发人—车系统“犯错”导致交通事故。相关定性分析从理论上验证了交通事故发生的主要原因为道路设计不合理。即使驾驶员操作不当，道路也应该有容错的空间避免交通事故发生。

（2）完善道路设计理论

相比传统的道路设计理念，本书提出的新思路假定设计指标为随机变量，不再单纯考虑道路设计满足车辆机械性能即可的基本标准，而是在满足基本标准的前提下将设计指标与车辆的运行安全挂钩，用概率计算值代替规范中的一般任意值，用可靠性概念代替极限控制概念；在指标空间组合上，运用三维连续性概念进行分析和评价，对“参数满足规范的设计未必是优化的安全设计”现象进行量化评判，更真实地反映道路运行状态；相比道路线形设计指标规范符合性检查、相邻路段运行速度差等手段，本书提出的新方法在准临界参数选用及三维线形的安全性评价方面更加有效。因此，本书采用的方法可以进一步完善我国传统道路设计理论，解决指标选用中的不确定性问题。

(3) 为我国道路设计规范的修订提供参考

我国道路设计理论的发展经历了从无到有的快速蜕变，这得益于对已有的国外规范及经验的借鉴，但也导致我国规范中很多指标取值无法追根溯源。虽然我国规范对指标的规定已经考虑了一定的安全富余，但设计取值的安全水平仍需设计者自己判断。我国规范通常仅提供指标的极限值（最小或最大值）作为约束条件控制整个指标域内的参数取值，正常理解其他一般指标值应参考极限值线性变换，但有些设计者却因一般指标取值不受规范约束而任意“透支”使用规范，埋下安全隐患。引入和使用可靠度理念，通过数值计算和可靠性优化，设计指标的每个变量都有一个合理的参考值。

(4) 客观评价道路线形三维状态

考虑道路线形的空间三维特性，引入空间线形连续性设计理念能够客观真实地反映道路的运行状态，弥补二维评价的片面性和不准确性。真三维状态的描述，有利于驾驶员生（心）理和对车辆操控的连续稳定性，更有利于交通安全。本书构建的道路线形综合评价指标考虑了平、纵、横多指标以及驾驶员等因素的影响，不仅能客观描述道路的安全性，还能发现设计不合理的路段，为道路线形优化提供帮助。

(5) 整体提高道路安全水平

20 世纪 90 年代以来，我国进入了路网建设快速发展的阶段，目前公路总里程数已居世界第一位。但我国道路安全水平却还未能与之匹配，事故率与死亡率较发达国家高出许多，尤其是早期设计建设的公路受诸多因素限制，设计标准及服务水平均较低，安全事故频发。这里面既有设计规范不完善、设计理念落后的原因，也有设计者缺乏经验和不合理使用规范的原因。本书所提出的设计理念与指标评价方法，不仅可以量化道路线形设计指标的合理选用，还可以综合考虑道路平、纵、横三维状态下的安全水平。因此，本书的研究成果对提高道路线形设计质量和安全性、路线设计规范相应指标选用以及今后规范的修订与完善均有一定的参考价值。

第二节　国内道路线形设计理论发展与现状

我国道路线形设计发展大致经历了两个阶段，即从以设计速度为基础、仅考虑道路通行功能的确定性设计理念，逐渐向以运行速度为评价手段的道路线形设计一致性半概率设计理念转变。之所以称运行速度设计理念为半概率设计方法，是因为运行速度选取第 85 百分位的行驶速度，只考虑了速度概率统计特征，并未明确说明其安全性水平，且对应的其他设计指标还是采用确定性选择方法。不过这种理念的转变无疑提高了道路线形设计质量。

一、设计速度设计理论

我国道路设计理论及实践研究起步较晚，新中国成立以来，《标准》前后共经历了 9 次大的修订，其中近 30 年共进行了 5 次调整，且相关规范经历了长期的发展，为我国道路设计奠定了坚实的基础。

传统的道路线形设计，以设计速度为主要控制变量，在满足车辆行驶过程中动力学稳定与安全的前提下，选取规范中相应的线形设计要素进行组合设计。设计速度通常被认为是保证车辆行驶安全的最高行驶速度，但实际运行中仍会出现很多情况：当路段条件良好时，驾驶员会倾向于以更高的期望速度行驶；当道路条件受限时，如小半径平曲线路段、长大上坡路段、视距不良的平纵组合路段等，行车环境有时会迅速由好变差，遇到这种道路线形突变的情况，驾驶员会因操作不及时或失误而发生事故。

在传统的以设计速度为主要控制变量的设计中，道路平、纵、横线形指标在《规范》中都能查到相应的参数取值范围，这些指标（如圆曲线半径、缓和曲线长度、超高、加宽、坡度坡长、行车道宽度等）都有上限值或下限值的约束，通常不超过《规范》中约束值的设计被认为是合格的设计。但道路线形是一个三维的空间组合，即使这些指标都能满足设计要求，也不能保证将其组合后依然合理。

随着道路线形设计经验的积累和设计理念的不断发展，研究者发现以设计速度为主要控制变量的道路设计不能完全保证驾驶员操作行为的一致性、车辆行驶速度的一致性、安全视距的一致性等。以设计速度为限速标准，往往会使车辆在同一路段的速度分布离散性增加，连续性变差，给行车安全带来极大的隐患。

尽管传统的设计方法存在一定的弊端，但其概念清晰易于操作，现行的道路线形设计依然采用这种确定性的设计方法，并将其分解为两阶段设计法，即对道路平面、纵断面和横断面分别进行设计，以平面为主控道路位置及走向，纵断面和横断面以叠加的形式落在道路平面上，从而形成道路的空间三维路径。

二、运行速度设计理念

我国从 2003 版《标准》开始引入运行速度概念评价线形设计一致性，并将其作为一种验算或检验的手段对道路线形设计中速度受限制的路段进行安全分析。2004 年，主要针对高等级道路线形安全评价的《公路项目安全性评价指南》JTG/T B05—2004（以下简称《指南》）出版，《指南》明确将相邻路段运行速度的差值作为道路设计阶段运行速度协调性的评价标准，并指出当同一路段设计速度与运行速度的差值大于 20 km/h 时，应依照《指南》进行安全性验算；2006 版《规范》

中第 1.0.9 条规定，速度不同的设计路段相衔接处，或因条件制约线形设计受限制的地段，宜采用运行速度进行检验；2010 年《公路路线设计细则》（总校稿）JTG/T D20—200X 同样建议对公路路线设计中存在速度差的路段进行运行速度检验。

运行速度通常被理解为路段第 85 百分位的车辆行驶速度，它是一个统计参数值，即通过观察、统计及预测实际路段的车辆行驶速度来确定第 85 百分位的车辆速度。因此，运行速度被认为是一个概率值，随着驾驶员的驾驶技术、车辆性能、道路环境等因素的变化而变化。相比确定性的设计速度，运行速度能更准确地表示道路实际的运行状态。从概念上理解运行速度可知，在保证统计上 85％的车辆能够安全通过设计路段的同时，仍有 15％的车辆可能存在安全风险。因此，运行速度作为交通管理的限制速度比设计速度更合理、更有效。

研究表明，路段的运行速度分布具有一定的统计规律，近似于正态分布。统计显示，行驶速度的散点大部分集中在正态分布的中间区域，且具有对称性和均匀变动性，比较明显的趋势变化分界点大致为第 85 百分位的车辆速度，这意味着有 15％的车辆的速度在右侧的离散区域。因此，引入运行速度（V_{85}）的概念作为评价道路线形设计一致性的手段，是将车辆运行速度作为一个随机变量，它能够实时反映驾驶车辆的运行状态。

目前，我国运行速度设计理论研究更多集中在高速公路的设计，由于受到统计数据及数学回归模型研究等诸多因素的限制，具有普遍意义的运行速度算法还需要进一步研究。但这种思想转变了传统的确定性设计理念，使道路设计进入动态的、具有一定概率保证的非确定性设计理念，这无疑解放了设计思想，使道路线形设计理论得到发展。

三、三维动态设计理念

道路线形是空间三维动态的几何路径，随着计算机技术与道路设计理念的发展，传统的二维设计已暴露诸多缺点，如平纵组合后的停车视距不足、路线曲率变化不连续等。传统的道路线形设计方法已不能完全保证道路的运行安全。目前公路动态三维设计及管理理念与技术越来越受到道路及其相关行业的重视，如基于 BIM 平台的道路集成设计、建设、管理、养护一体化理念。

道路设计从最早的手工绘图到目前的计算机辅助设计打印出图，已经极大地解放了设计者，提高了设计效率。随着新要求和新技术等的不断发展，三维可视化设计理念成为现阶段主要的发展方向。目前动态的真三维设计还处在初步构想阶段，一些设计软件模拟出来的三维环境及场景理论上还是二维技术呈现，只是在二维设计的基础上渲染成三维的表达形式，其实质并没有达到真正的三维动态设计。但是这些技术手段已经推动了道路线形设计理念的革新和发展。

随着计算机技术的进一步发展，动态三维设计理念将逐步取代传统的二维设计方式，实质性的应用开发在不久的将来一定能够得以实现。动态三维设计的主要目标是构建道路的真三维环境，从而实现道路线形的三维处理。目前，主要难点在于道路三维地形图的数值化模型及算法的构建、精度的提高、三维环境渲染技术的更新、交互式平台的构建等。

第三节 国外道路线形设计理论发展与现状

相比我国而言，国外道路线形设计理论发展（以欧美发达国家为主）的时间更早，积累的经验更多。欧美发达国家道路线形设计从早期只是简单考虑车辆行驶安全，满足汽车动力学需求的低水平道路设计，逐步发展到如今更多考虑人的安全性、舒适性的高水平道路设计理念，形成了运行速度设计方法、灵活性设计方法、宽容性设计方法等先进思想。我国道路设计理念的发展，或多或少地借鉴了这些先进的设计思想。

1940年，美国国家公路与运输协会（AASHTO）最先提出将设计速度作为道路线形设计控制因素的设计方法，这种设计方法在世界范围内被广泛采用，并沿用至今，许多国家早期的道路设计规范及设计方法都是基于这个理念制定的。但在多年的设计实践中，设计人员及研究者发现，这种确定的设计方法可能会导致道路线形连续性及一致性不高，无法达到驾驶员的速度期望。

20世纪60年代，发达国家开始考虑车辆运行速度和运行费用之间的关系，并组织美国、法国和巴西等国的专家进行深入研究，投入大量资金，这些工作为后续道路线形设计理论的发展奠定了基础。

20世纪70年代，美国学者Leisch提出了基于运行速度的设计概念，并用它来评价道路平面、纵面线形一致性。随后，人们开始认识到驾驶员在条件较好的路段上行驶，对车辆的实际期望速度可能远远大于设计速度，传统的设计理念存在制约驾驶员心理需求的不足；另外，过于强调以设计速度为统一标准，也可能导致道路实际的连续性与均衡性较差，无法保证驾驶员视觉感受与操控的一致性。因此，一些发达国家逐渐认识到以设计速度为主的道路线形设计存在诸多问题，运行速度设计方法得到广泛研究和应用。

运行速度被定义为中等技术水平的驾驶员在交通处于自由流状态，天气、道路等条件良好时，通过实测选取第85百分位安全行驶的车速（V_{85}）。但对于V_{85}的具体取值，各国的研究方法又有所不同。如在美国，运行速度基于平均速度变化而求得，即通过估计不同线形条件下小客车和大货车的平均速度值，绘制车辆速度变化图，从而确定车辆的运行速度；在我国，运行速度测算分为初始段、直线段、曲线段、纵坡段和弯坡组合段五个阶段分别考虑，其中小半径曲线段和弯坡组合段的设计需要考虑出入口速度、路段中部速度、曲线半径及坡度等因素，建立速度预测模型供其他路段进行相应的换算或修正计算。

第四节　道路线形设计评价发展与现状

我国目前尚缺乏道路安全性评价的相关规范和可实施的工作细则或手册，尤其是关于早期建设的低等级公路的安全性评价的细则。2004年出台的《指南》仅仅针对高速公路和一级公路的安全性评价工作做了细化，广大的低等级道路线形指标的选用及评价研究工作仍需进一步细化与完善。

目前，道路设计安全评价可以分为道路自身内在因素分析和外在因素分析两种思路。内在因素分析主要考虑道路线形设计指标选用是否符合规范要求，是在道路设计建设完成之前进行一系列安全保障分析；外在因素分析主要基于道路运营阶段统计的事故数据，通过回归分析找出事故高发路段，分析事故原因，从而对道路设计做出事后的优化处理。显然，在道路设计建设阶段消除可能存在的安全隐患更有价值。本书中的道路安全性评价主要是基于道路自身因素及对人、车影响的线形质量安全性研究。

一、国外道路线形设计安全评价研究

各国道路发展大致分为三个阶段，分别为满足基本通行功能的第一阶段，以交通运输经济效益为主，安全和舒适性等功能为辅的第二阶段，以及从“以人为本，安全第一”方面综合考虑道路服务水平的第三阶段。发达国家已经进入现代化道路设计与安全运营管理阶段，对道路设计及安全评价管控已有深入的研究，具体的发展历程和成果可总结为以下四个方面。

第一，基于道路可视化、计算机模拟等空间模型构建技术开展的道路安全评价研究。早期有学者利用驾驶员透视图对线形连续性进行分析，提出道路三维线形的评价方法，这种方法采用空间透视技术模拟驾

驶员视觉感受，能够形象地表达驾驶员心理预期与道路线形的空间匹配情况，可以及时发现视觉不连续的路段并给出修正建议。随着技术的更新和发展，道路空间线形的优化可以通过模拟驾驶环境，采用以驾驶员视点为观测点的可视化技术，评价驾驶员对道路线形跟踪行驶的一致性，从而判断道路线形设计的质量。目前的研究主要利用计算机绘图技术手段，通过仿真分析驾驶员视觉受道路三维环境的影响程度，重点分析平曲线与竖曲线的组合线形对道路安全的影响。

第二，基于道路线形设计与事故统计之间的关系开展的道路安全评价研究。前期研究注重对道路设计中各项条件与交通安全的内在联系的深入研究，侧重给出改进建议；后期基于平曲线改进后所能产生的成本效益展开研究，或是建立曲线长度、曲率、交通量与交通事故数的模型，用来评价道路设计的安全性，分析道路设计参数特征变量对交通安全的影响，并对路面的路肩状况与交通安全的关系进行研究。以上均是对道路安全评价开展的研究，其重点主要在于分析道路交通事故发生的原因及规律。

第三，基于运行速度及相邻路段运行速度的差值开展的道路安全评价研究。运行速度的概念最早由欧美发达国家提出，它们还对此开展了广泛研究。最初的设想是用不同路段运行速度的差值评价道路设计的一致性问题，后来该设想发展成为一种新的道路设计理念。20 世纪 80 年代，英、法、德、美、澳等国开展了道路数据收集和事故案例分析，发现以设计速度为标准的道路设计存在不能满足驾驶员心理期望的道路连续性和一致性需求等问题，进而开展了对车辆设计运行状态及行驶速度的相关研究，提出了将运行速度作为评价交通运行一致性的标准，较好地弥补了以设计速度为道路设计标准的不足。以运行速度模型作为研究重点的还有分别考虑小汽车、轻型卡车和重型卡车在平曲线段的速度一致性问题，证明曲线路段车辆速度衰减与曲线转角、竖曲线长度、纵坡坡度、路面条件均有显著关系，而这会导致曲线路段与直线路段线形运行的不一致。后来，自由流交通状态下不同速度限制与事故率的关系成为主要研究方向，研究时分两组展开交通调查，结果显示平均速度与事故率有显著相关性，并论证了路段速度可变性对交通安全的影响，得出速度分布相对恒定的路段事故率比较小的结论。

第四，基于计算机辅助系统开展的道路安全设计程序的开发研究。最具代表性的研究成果是美国联邦公路局（FHWA）主持开发的道路安全核查与安全设计软件——交互式道路安全设计模型（IHSDM）。该软件能够提供道路设计阶段最基本的符合性检查，可以对多个方案进行对比评价，并能发现潜在的不良设计，为设计方案优化提供帮助。

二、国内道路线形评价研究现状

由于我国早期的经济发展制约了交通建设的发展，因此真正开展道路安全评价工作起步较晚，随着改革开放政策的实施，交通建设迎来了前所未有的跨越式发展。道路的快速建设与路网的完善极大地促进了我国经济的发展，但同时交通事故数量激增，造成了巨大的财产损失。20世纪90年代，我国开始重视道路安全评价与优化工作，并进行了初期探讨和分析；2000年以后，国家开始组织交通行业专家开展专项安全研究，并先后编制了《公路设计交通安全审查手册》和《公路项目安全性评价指南》等相关规范作为道路设计安全审查的依据；2003年，为了将道路安全提升到战略位置，我国交通运输部成立了国家级的道路交通安全研究中心，专门解决交通建设中的安全问题。在这期间，道路安全评价相关研究也层出不穷，并取得了一定的研究成果。

目前我国用于线形设计质量评价的方法主要为运行速度预测模型，这种方法能够反映驾驶员及车辆在道路上行驶时速度变化的均衡性，可用于判断道路线形设计一致性的优劣。但运行速度并不是唯一的安全审查标准，还需要进一步研究驾驶员的视觉一致性、道路线形空间连续性等问题。

第五节　道路线形指标研究发展趋势

道路线形设计指标众多，指标间相互影响、错综复杂。直接采用实车试验受诸多因素制约，不仅成本高、效率低，而且在数据处理上也相对困难。目前，以下几个方面的研究比较有利于道路线形设计的发展：① 将模拟仿真试验作为一种手段，建立人—车—路之间的响应关系；② 引入可靠度设计理论量化规范中未作约束的单个指标设计值；③ 考虑线形空间连续性，建立交通事故评价模型评价线形指标组合后的运行状态；④ 考虑道路线形设计对驾驶员的影响，建立综合评价指标体系。

一、道路线形仿真分析

道路交通是由人、车、路及环境组成的复杂系统，研究道路对交通安全的影响，除了研究道路本身因素导致的交通事故外，还应该考虑路对人、路对车的影响导致的交通事故。交通事故成因比例如图 1-3 所示。其中，最直接快捷的研究方法是构建三者的模型进行仿真分析，本书将结合 UC-win/Road 驾驶模拟器与生心理反馈仪建立道路线形设计与人的生（心）理反馈之间的关系；结合车辆动力学仿真软件 ADAMS/Car 建立道路线形设计与车辆动力性能响应之间的关系，并对部分道路线形指标选用进行分析。

研究仿真的目的是验证道路线形指标对驾驶员及车辆都有显著影响，并通过分析确认重要的指标参数，在线形指标优化及安全评价中添加人—车因素的影响，修正评价模型。

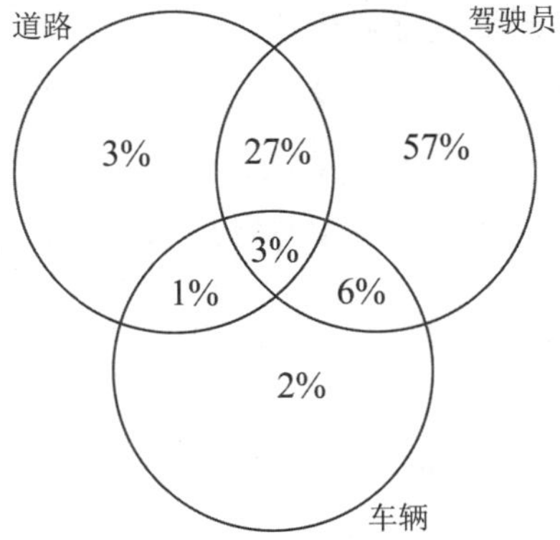

图 1-3 交通事故成因比例

二、引入可靠度理论优化指标设计

传统的道路线形设计采用确定性设计方法，这种方法已被证实具有一定的弊端，不利于驾驶员对道路线形连续性的心理期望。引入可靠度理论可以改进线形指标设计，对于《规范》中未作约束的部分指标，采用可靠度数学方法计算既能保证指标使用的安全性，也可以减少工程浪费。

目前，可靠度理论已经被应用到交通领域，并开始得到广泛研究。而道路线形设计指标可靠性研究还缺乏系统的理论构建和适用性研究，这正是本书的重点。

三、考虑线形空间连续性安全评价

众所周知，道路是空间三维的带状体，按照传统的两阶段设计方法，平、纵、横断面的指标设计一般均能满足规范要求，且容易审查判断；在叠加组合后，道路线形变成了三维空间路径，其线形设计质量检查会因无法以三维形式进行直观和动态展示而变得难以完成，不易判断线形的一致性和连续性状态。

本书将基于空间曲线具有路段不变特性的曲率和挠率两个物理量建立交通事故评价模型，并对道路三维线形进行安全评价，给出评价建议。

四、道路三维线形综合指标研究

鉴于当前道路真三维设计环境难以实现，本书通过考虑道路线形二维指标设计组合后的三维表现，建立真实运行状态下的道路三维线形综合指标评价模型，并构建评价模型与事故率之间的关系，通过回归分析标定安全评价水平。

第六节 研究内容

本书对道路线形设计指标进行了系统的总结和分析，并使用多种手段对道路线形设计指标选用及组合进行分析和评价。主要研究内容有以下几个方面。

（1）分析总结道路线形对安全较敏感的设计指标

对国内外道路线形设计指标的研究现状进行综述，并总结国内外相关规范中对指标的规定，重点分析 13 个重要的线形设计指标。利用 UC-win/Road 驾驶模拟软件和 ADAMS/Car 车辆动力学仿真软件分别对部分线形组合进行仿真试验，分析评价道路线形设计对驾驶员和车辆的影响，采用统计分析的方法研究人—车因素与道路线形参数之间的相关性和敏感性，最终归纳道路线形设计指标对安全的影响。

（2）基于可靠度理论优化道路线形指标设计

构建道路线形设计指标的极限状态方程，分析影响道路安全的各指标参数，采用一阶可靠度方法或蒙特卡罗模拟法，分别对部分指标进行可靠度计算，得出各个参数不同取值对应的失效概率或成功概率；针对不同方法做对比分析，研究可靠度方法的适用性。

（3）基于三维空间线形的连续性指标分析

建立空间线形的参数方程，用曲线的空间曲率和挠率对线形的连续性进行计算和评价，即通过采集事故数据与道路线形指标数据，建立事故数据与三维线形空间不变物理量（曲率和挠率）的相关关系，进而分析评价线形设计的质量。

（4）构建三维道路线形综合评价指标

综合考虑道路线形较敏感的设计指标，建立各指标与相对事故率之间的关系，确定平、纵、横各断面的指标与事故率的函数关系，通过回归分析获得各种评价指标，最终构建综合评价指标。

本书各部分研究内容及章节关系如图 1-4 所示。

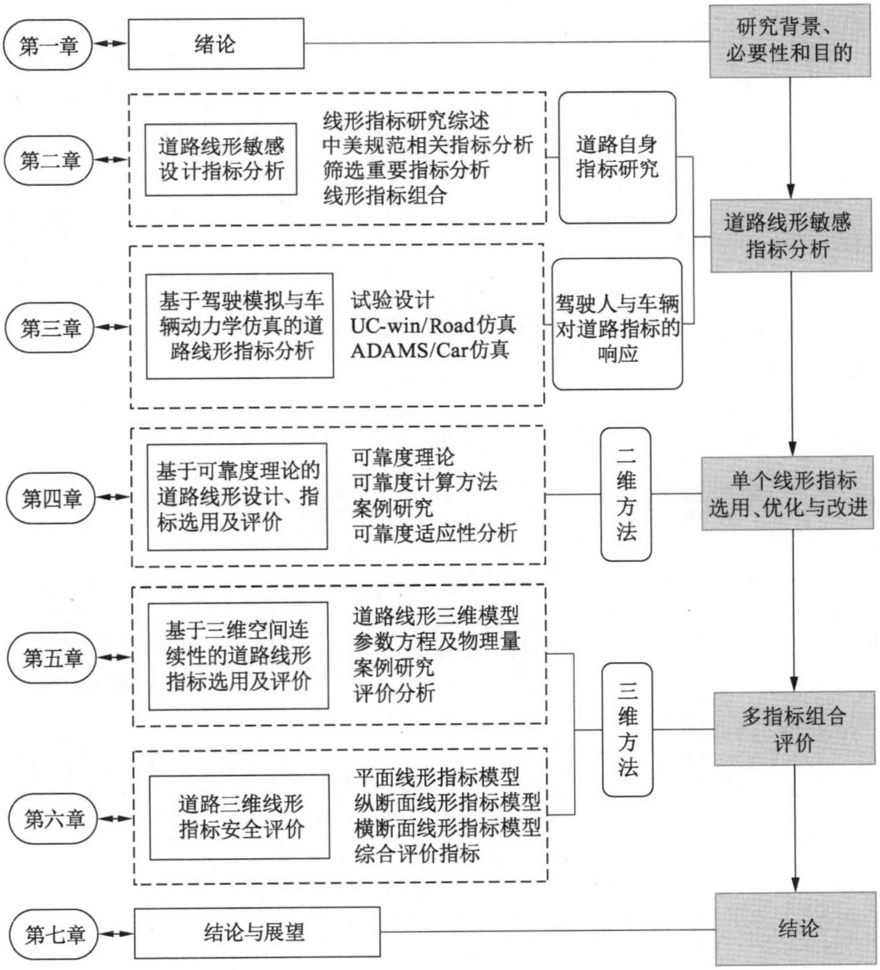

图 1-4 本书各部分研究内容与章节关系

第七节 技术路线

本书研究道路线形设计指标选用及安全评价主要采用仿真模拟、可靠度理论、空间曲率和挠率变化对安全的影响以及三维线形综合指标评价等方法。研究的具体技术路线如图 1-5 所示。

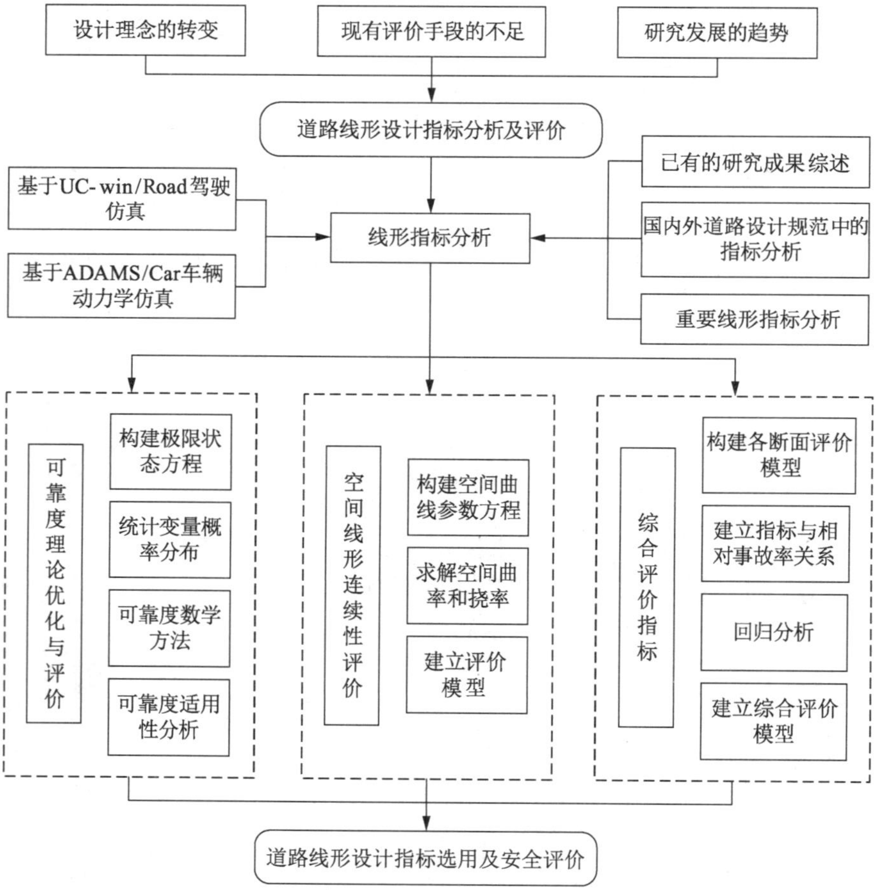

图 1-5 技术路线

第八节 本章小结

本章总结了国内外道路线形设计理论及安全评价方法的发展历程和研究现状，并指出道路线形指标研究可能的发展趋势和研究重点。通过总结和分析，指明了目前我国道路线形设计中指标选用存在的一些问题，论证了研究道路线形设计中指标的意义，为后续研究提供了知识储备，也指明了研究方向。

02

第　二　章

道路线形敏感性指标设计

道路线形设计是一个复杂的过程，涉及诸多方面，如道路工程建设环境约束、社会需求、工程建设成本控制、区域经济影响等。早期的道路建设以道路投入成本为经济考量，但人们逐渐意识到道路主要成本不仅包括交通基础设施的资本投入，还包括交通事故带来的经济损失和社会影响，经济因素不应成为道路线形设计唯一的控制标准，而是应更多地考虑安全运营状况。因此，在社会资源一定的情况下，如何实现利益最大化，成为从公路规划、设计、建设到运营管理的全过程面临的一个重要的研究课题。

在道路线形设计中，有三个重要部分，即平曲线、竖曲线和视距。传统的道路设计《标准》和《规范》在给定的设计速度下为每一部分设计提供了一个确定的极限设计值以供设计者参考。设计时，设计者通常认为只要使用不超出规定的极限值，就能保证各项指标叠加组合后的线形安全，但情况并不尽然。在受到地形及环境限制时，有时因设计者的疏忽，会出现事故集中发生的路段，这些路段可能存在平纵曲线组合段的视距问题、连续长大上坡或下坡的速度问题、线形组合视觉诱导问题等。

美国“绿皮书”中指出道路线形设计会对环境、社会及公路使用者产生重大的影响。线形设计包括各种各样的设计元素的组合，为了构建一个安全有效的功能性建筑设施，每一个线形设计元素都应该与其他元素互补以实现一个连续一致、安全有效的设计。通常所有道路设计都有几个首要的设计元素，包括视距、超高、加宽、坡度、平纵曲线等。

到目前为止，对道路线形设计指标的研究多集中于对单一指标的分析，关于系统的指标梳理和敏感指标归纳的研究还比较少。本章主要梳理国内外道路线形设计指标的研究现状，并通过对比选取重要的敏感指标，分析、整理对交通安全影响比较大的道路线形指标。道路线形敏感设计指标是指道路线形设计元素及其组合对车辆行驶安全有较明显影响的主要控制性因素，如车辆过弯时冲出行车道进入路侧边缘带，其道路线形设计敏感指标就是平曲线半径及运行速度。

第一节　道路线形设计指标研究现状

道路线形由确定的几何设计指标组合而成，道路需求和设计思想不同最终呈现的道路线形是不一样的，但评价道路线形设计质量优劣除了评估其是否满足区域经济需求、道路使用者出行需求外，还应考虑道路对驾驶员的“容错”能力。因此，在设计过程中，应合理选用线形设计指标。

道路线形设计指标主要包括公路平、纵、横三个断面的设计参数，我国目前对道路线形设计指标的研究主要集中在直线长度、平曲线半径、缓和曲线长度、超高及过渡段、最大纵坡及坡长、竖曲线等方面，研究主要关注参数的取值及计算方法。

国外对道路线形设计参数的研究相对丰富，基本同我国的研究一致，主要集中在平、纵、横参数指标的合理选用及计算方法研究。经过梳理可以发现，主要的道路参数指标研究集中在平曲线组合、凹凸竖曲线布设、停车视距、路肩宽度设计及运行速度等方面。

第二节　美国道路设计规范及相关研究

美国联邦公路局（FHWA）和美国国家公路与运输协会（AASHTO）主导进行美国道路设计规范及相关研究，出版了大量的研究报告和设计指南，如美国国家公路合作研究项目报告（*NCHRP Report*）、美国道路行业国家规范“绿皮书”、《低交通量地方道路几何设计指南》（*Guidelines for Geometric Design of Very Low-Volume Local Roads*）、《公路灵活性设计指南》（*Flexibility in Highway Design*）、《路侧设计指南》（*Roadside Design Guide*）等。

对我国影响比较大的有“绿皮书”和《公路灵活性设计指南》。其中“绿皮书”是北美地区道路设计者参考的主要技术标准，是国家层面的基本设计准则。由于美国是联邦国家，各州及地区根据当地的建设环境又制定了各自的道路设计条例（Highway Design Code）和地方性道路设计手册（Roadway Design Manual），但这些规定在不同层面均参照了“绿皮书”的标准。20 世纪 30 年代以来，“绿皮书”由 AASHTO 修订出版了多个版本，目前我国常参考的版本为 2011 版。

美国《公路灵活性设计指南》对道路设计者在设计中应考虑更加安全有效的参数取值提出了新要求，指出在道路设计中要充分考虑区域价值，将设计指标放在一个大的范围内，考虑指标选用前后的协调性以避免自然及人为因素导致的交通事故。该指南的目的在于激发设计人员的创造力，鼓励设计者在使用“绿皮书”标准的同时，考虑设计的应用价值，体现开放性设计，而非传统的经验性设计。

一、绿皮书

美国“绿皮书”主要将道路线形指标设计划分为两大部分，即平纵线形设计元素和横断面线形设计元素，除了列举各设计指标取值的具体过程，还强调公路平纵线形组合应与道路周围环境相协调，在制订设计方案时，应充分考虑平纵组合的均衡性、协调性和一致性，重视道路三维视距，尽量避免后续更改设计方案。“绿皮书”中考虑的主要设计指标见表 2-1。

“绿皮书”非常详细地给出了各种指标的约束条件，是北美地区最主要的道路设计参考资料。由表 2-1 可以看出，美国“绿皮书”对道路线形指标规定比较严谨和全面，是一部均衡的纲领性规范。

表 2-1 “绿皮书”中道路线形设计控制指标

序号	设计元素		
	平面	纵断面	横断面
1	视距（停车视距、决策视距、超车视距）		横向坡度
2	设计速度	地形	车道数
3	超高	坡度	行车道宽度
4	侧向摩擦系数	坡长	硬路肩宽度
5	最大/最小半径	爬坡车道	岔道
6	车道出入口	应急车道	侧向偏移
7	过渡段控制（长度、超高）	竖向凸曲线	路缘带
8	螺旋曲线	竖向凹曲线	路侧设计（侧向净空）
9	侧向偏移		分隔带
10	加宽		路侧边坡
11	平纵组合（协调原则）		排水沟

二、公路灵活性设计指南

道路设计指标选用具有灵活性，主要体现在设计标准中对指标值的选用留有一定富余及不同设计者知识储备与工程经验的差异。《公路灵活性设计指南》指出设计中可能使用超出规范或标准的设计指标值，只因工程建设需要综合考虑道路运行环境和建设成本等因素。因此，经过专家验证满足安全水平的超标设计也是可以接受的。

在美国，公路工程如果是政府出资建设的项目，如国家公路网，特殊设计（超出规范约束的指标设计）就需要严格按照审查标准进行立项专业论证并提供研究报告。在论证审查的设计指标中，《公路灵活性设计指南》特别强调了以下 13 个设计指标，如表 2-2 所示。

表 2-2 灵活性设计中的重要指标

序号	设计指标	序号	设计指标
1	设计车速	8	纵坡
2	车道宽度	9	停车视距
3	路肩宽度	10	横坡
4	桥梁宽度	11	超高
5	构造物通行能力	12	竖向净空
6	平曲线	13	侧向净空
7	竖曲线		

这 13 个指标包含了道路平、纵、横各断面的设计元素，在不同的线形组合下，各指标对道路安全的影响程度不同，若考虑平纵组合视距，则平曲线与竖曲线的位置关系起控制作用；若考虑纵坡组合对车辆爬坡性能的影响，则纵坡坡度起控制作用。无论是正常设计还是超标设计，《公路灵活性设计指南》中都特别强调指标设计的均衡性和协调性，同时在相邻路段的指标组合上，还应保证兼容性和宽容性。

第三节 我国设计规范中涉及的指标

我国道路线形设计主要参考《公路工程技术标准》JTG B01—2014 和《公路路线设计规范》JTG D20—2017。其中，《标准》是《规范》修编的基础，两者大概 10 年才会修订一版，是我国道路从业者必须熟知的强制性准则。对于道路线形设计，《规范》中的分类及表述更加系统和详尽，具体的设计指标如表 2-3 所示。

表 2-3 我国道路线形设计指标

序号	《公路工程技术标准》（JTG B01—2014）	《公路路线设计规范》（JTG D20—2017）		
		横断面	平面	纵断面
1	车道宽度及车道数	路基宽度	直线	纵坡
2	中央分隔带	车道宽度及车道数	圆曲线	坡长
3	路肩宽度/紧急停车带	爬坡车道/避险车道	回旋线	爬坡车道
4	爬坡车道/避险车道	中间带	圆曲线超高	合成坡度
5	视距	路肩宽度/紧急停车带	圆曲线加宽	竖曲线
6	直线最大/最小长度	路拱坡度	超高、加宽过渡段	
7	圆曲线半径	公路建筑限界	平曲线长度	
8	缓和曲线	公路用地范围	视距	
9	最大纵坡		回头曲线	
10	竖曲线			

通过对比中美的相关规范，可以发现美国“绿皮书”对线形指标的阐述和规定更为详尽，它不仅给出了指标取值建议，还给出了具体的算法和计算模型，我国《规范》也比较全面和详细地规定了指标的极限设计值；相比前两者，《标准》和《公路灵活性设计指南》相对弱化了一些指标值，更加突出对重要指标的分析，如《公路灵活性设计指南》认为硬路肩的宽度设计很重要，不仅能够体现设计的宽容性，还能给驾驶员纠正错误的机会。

因为各国公路工程的发展历程不同，设计理念也存在差异，所以在道路线形设计指标的选用上也存在一定的区别。例如：美国早期公路建设习惯使用较大半径的圆曲线，不设缓和曲线，而我国公路建设中更多使用缓和曲线进行过渡设计；我国公路竖曲线习惯用较大半径圆曲线代替抛物线，而美国更多使用抛物线进行设计；美国公路建设多采用分离式路基设计，采用较宽的中央分隔带以及非常宽裕的路侧边缘带，以达到良好的宽容性设计和景观设计，而我国由于土地资源紧张，往往选择比较紧凑的路基宽度设计；我国喜欢采用较高路基标准设计道路，尤其是高速公路建设，基本全程高边坡，而国外道路设计更多的是贴合地面，顺应地形走势。正因为这些差异的存在，才更有必要对一些重要的指标进行梳理和分析，以提高我国道路线形设计的安全性。

第四节　重要设计指标的分析

道路线形设计指标众多，单个指标及其组合均会对车辆的安全行驶产生不同程度的影响。国内外规范及设计指南中都有明确的指标参数适用范围和建议值，如美国联邦公路局 1985 年提出了 13 个线形控制指标，这些指标有的是单一指标，有的是综合指标。其中，综合指标还可以细分，如平面线形中包括直线长度、平曲线半径、转角、缓和曲线长度等元素。各指标对于事故的“权重”值不相同，有的是主要因素，有的是次要因素（可以忽略）。因此，对道路敏感性设计指标进行分析成为研究工作中一个重要的环节。

通过对国内外线形指标的研究与分析，本节梳理了影响行车安全的 13 个重要的设计指标，如图 2-1 所示。

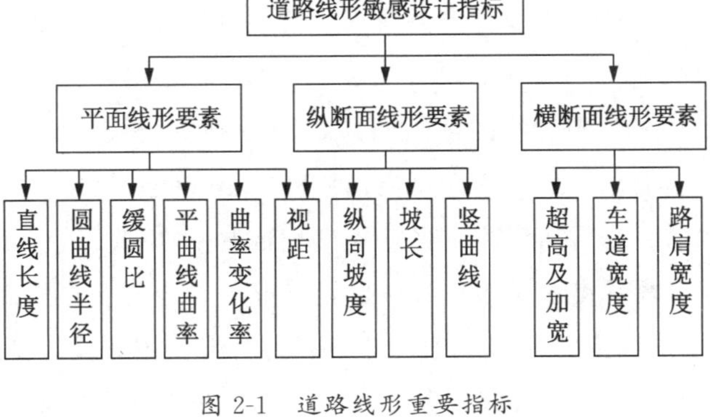

图 2-1　道路线形重要指标

一、直线长度

公路平面线形由直线、圆曲线和缓和曲线组成，其中直线段视距良好，方向明确，在直线段公路行驶时，汽车受力简单，驾驶员操作简便。然而研究表明，直线段依然是事故多发段，如同向曲线与反向曲线间的直线段。国外对同向曲线、反向曲线最短直线长度的研究集中在20世纪50年代至70年代。同向曲线最短直线长度界定仅考虑视觉影响，而同向曲线对驾驶员最大的影响是驾驶员如何把握连续转向所引起的惯性力作用，以及对交通安全的影响；反向曲线最短直线长度的界定仅考虑超高转换的线形布设要求，并未充分考虑驾驶舒适性，这些方面均有待完善。

我国1994版《规范》第7.2.3款规定：直线线形不宜过短，当计算行车速度≥60 km/h时，同向曲线最小直线长度以不小于行车速度的6倍为宜；反向曲线间最小直线长度以不小于行车速度的2倍为宜。该版的路线设计规范并未提及曲线的设置情况。2006版《规范》第7.2.2款规定：两圆曲线间以直线径相连时，直线长度不宜过短。其建议值的规定同1994版《规范》，同样直接回避了是否含缓和曲线以及该作何考虑的问题。2010版《公路路线设计细则》中对2006版《规范》条文进行了说明并注意到我国公路路线最小直线长度规范存在潜在问题，在原则上保持“当直线设计速度≥60 km/h时，同向曲线间最小直线长度以不小于设计速度的6倍为宜，反向曲线间最小直线长度以不小于设计速度的2倍为宜”的同时，指出当受特殊地形条件严格限制时可降低标准，即“反向曲线间直线长度不应小于按设计速度3 s的行程长度，同向曲线间直线长度不应小于设计速度的3倍”，但其中也有一些地方需要仔细斟酌，如其中提到的“同向曲线间最小直线长度（以m计）以不小于设计速度的6倍为宜，反向曲线间最小直线长度以不小于设计速度的2倍为宜”是源于日本的经验，经查证并不准确。

与最小直线对应的是最长直线，其指标设计也与安全有关。通常认为长直线不易与地形相协调，且由于直线过长会使驾驶员感到视觉单调，注意力分散，容易造成大脑疲劳。此外，过长的直线会降低驾驶员的安全警戒，增强驾驶员对速度的期望和超速的欲望，使得驾驶员选择较高的期望速度行驶（超速），容易造成车辆失控。因此，公路单次直线的最大长度不宜大于 3 min 行程。但调查显示，我国早期建设的公路有许多长直线路段都超过 3 min 行程，甚至达到十几千米。据统计，高速公路中的直线长度与平均每公里事故数之间的关系如图 2-2 所示，图中菱形表示平均每公里事故数（起），曲线表示直线长度与事故率关系的拟合曲线。

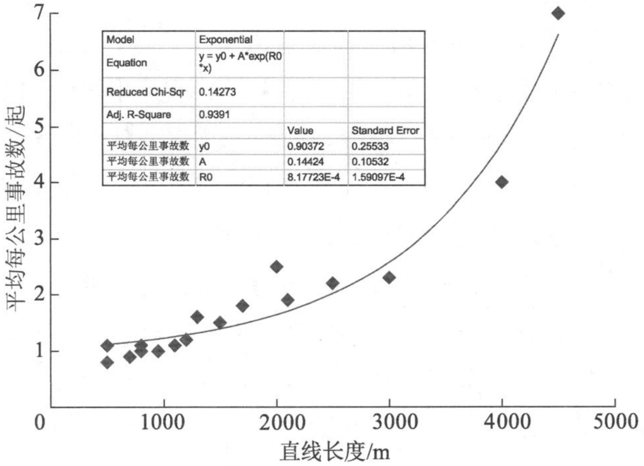

图 2-2　直线长度与事故率的关系曲线

二、圆曲线半径

圆曲线是平面线形元素的重要组成部分，起到使导线交点处的转弯变得圆润，使道路线形保持通行连续性的作用。我国《规范》中明确将圆曲线规定为平面线形设计的必要元素。根据汽车在弯道上的受力情况，可以计算出圆曲线半径。汽车在圆曲线上行驶时受到离心力作用，有冲出车道的趋势，需在横坡和地面产生的摩擦力的影响下保持受力平衡，为此汽车不产生横向滑移的最小圆曲线半径为

$$R \geqslant \frac{V^2}{127\ (\mu+i)} \tag{2.1}$$

式中，R 表示圆曲线半径，单位为 m；V 表示行车速度，单位为 km/h；

μ 表示横向力系数；i 表示超高横坡度。当设计车速确定时，圆曲线最小半径计算值取决于横向力系数和超高横坡度绝对值的代数和。如果横向力系数取值过大，车辆行驶稳定性受到影响，那么轻则影响驾驶和乘坐的舒适感，严重的会造成车辆侧滑或侧翻事故；若超高横坡度取值过大，则车辆在弯道上有滑移的风险。因此，横向力系数 μ 和超高横坡度 i 均有一定的取值范围。

国内外对平面圆曲线半径取值与事故率的显著性研究存在一定的区别。1976 年，日本的规范给出圆曲线极限半径的建议值为 430 m。2010 年，美国《道路安全手册》总结了事故率与圆曲线半径的关系，认为随着圆曲线半径增大，道路事故率逐渐减小，当圆曲线半径在 350 m 左右时，平曲线事故率最高，而当圆曲线半径大于 1000 m 时，事故率逐渐变小。我国一些学者收集了部分公路事故数据，通过对其进行回归分析得到平曲线半径与平均亿车事故率之间的关系为指数分布函数，回归曲线如图 2-3 所示，图中圆形表示交通事故率（次/亿车公里），曲线表示交通事故率与转弯半径关系的拟合曲线。由回归曲线可知，当半径增大时，交通事故率降低。

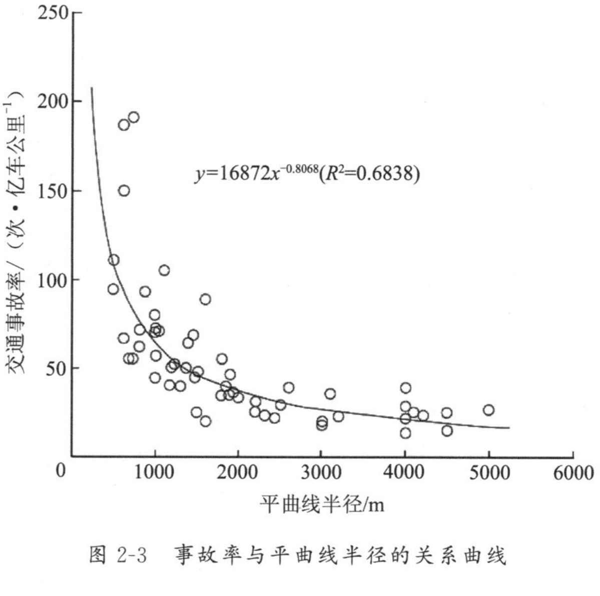

图 2-3　事故率与平曲线半径的关系曲线

三、缓圆比

设置缓和曲线是为了实现直线到圆曲线曲率上连续变化的一种过渡，由于直线段曲率无穷大，圆曲线段曲率为其半径的倒数，两者直接连接会形成突变点，因此，缓和曲线多采用回旋线进行过渡，其数学表达式为

$$A^2=rl \tag{2.2}$$

式中，A 表示回旋参数；r 表示回旋线上某一点的曲率半径，单位为 m；l 表示回旋线上某一点到原点的曲线长度，单位为 m。

缓和曲线除了要满足车辆在转弯时完成不同曲率的过渡外，还要在满足驾驶员对车辆方向的操控、驾驶舒适感和线形衔接美观流畅等需求的同时，配合转弯时超高加宽渐变段的布设。我国《规范》指出，在低等级道路设计中，缓和曲线长度的取值应能够满足超高和加宽过渡段的长度需求。《规范》中要求回旋线长度应随圆曲线半径的增大而增加，在圆曲线转角一定的情况下，若圆曲线半径增大，则圆曲线弧长也相继增大。因此，缓和曲线长度的设置与圆曲线长度也有一定关系。

本书定义了一个特征参量——缓圆比来描述平曲线组合的差异，缓圆比即一个基本型平曲线组合中缓和曲线长度与圆曲线长度的比值。目前，我国相关规范和指南中尚未对这一参数作出规定，设计中一般根据地形情况和设计者经验来选择缓圆比，具有一定的随意性。根据经验总结，在条件允许的情况下，尽量使缓和曲线与圆曲线长度的比例在 1∶1∶1 和 1∶3∶1 之间；当缓和曲线较长时，车辆行驶的侧向偏移较小，当缓圆比为 1 时，行驶轨迹拟合一致性较好；在立交匝道研究中，缓圆比的研究范围为 [0.33，1.50]。

四、平曲线曲率

在平面曲线上，曲率表示某个点的切线方向角对弧长的转动率，表明曲线偏离该点切线的程度或在数学上表明曲线在某一点的弯曲程度的

数值。因此，如果曲率值为 0，就表示该线形元素为直线。曲率定义式为

$$\kappa=\lim_{\Delta l\to 0}\left|\frac{\Delta\theta}{\Delta l}\right|=\frac{\mathrm{d}T}{\mathrm{d}l} \tag{2.3}$$

式中，$\Delta\theta$ 指某一弧线的切线转角，Δl 表示弧线的长度，$\frac{\mathrm{d}T}{\mathrm{d}l}$表示用积分的思想求解曲率。

对于平面内的曲线，其任一点的切向量既可沿顺时针移动，也可沿逆时针转动，这两个方向分别对应曲率的正值和负值。从几何意义上讲，曲率是单位切向量沿着曲线方向移动速度快慢的一种度量；从物理意义上讲，曲率表示一条曲线在空间上的弯曲程度。曲线上某一点的曲率倒数被定义为该点的曲率半径，其表达式为

$$\rho=\frac{1}{\kappa} \tag{2.4}$$

当曲率值为 0 时，切向量方向不变，曲线方向保持在直线上；当曲率值变化较大时，曲线上任一点的切向量方向的改变速度就较快；当曲率值无穷大时，会出现一个尖点，代表曲线在此处是一个断点，即不连续。

基于第五章采集的数据，本章分析了平原微丘区 21 条公路近 5 年的事故资料，通过统计和回归分析，确定因道路线形导致的事故数，绘制了相邻路段曲率差与各路段的交通事故率之间的关系，结果显示相邻路段曲率差的变化对交通事故率有显著影响，如图 2-4 所示，图中菱形表示交通事故率（次/百万车公里），曲线表示相邻路段曲率差与交通事故率关系的拟合曲线。

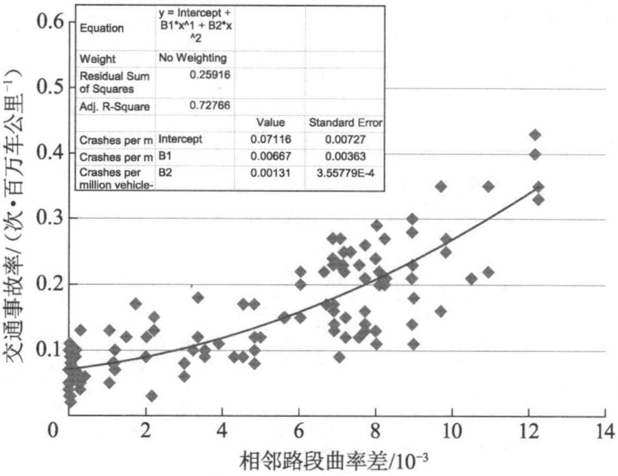

图 2-4　相邻路段曲率差与交通事故率的关系曲线

五、曲率变化率

曲率变化率为单个平曲线路段单位长度的角度变化之和（如基本型曲线“回旋线—圆曲线—回旋线”组合）；平均曲率变化率为平曲线全路段角度之和与路段总长度的比值（指多个平曲线组合，如S形曲线组合），其表达式分别如式（2.5）和式（2.6）所示。

$$\mathrm{CCR}=\frac{1}{L}\left(\frac{L_{S1}}{2R}+\frac{L_C}{R}+\frac{L_{S2}}{2R}\right) \tag{2.5}$$

$$\mathrm{CCRs}=\frac{1}{L}\left(\sum_i \frac{L_{Ci}}{R_i}+\sum_i \frac{L_{Si1}+L_{Si2}}{2R_i}\right) \tag{2.6}$$

式中，CCR表示曲率变化率，单位为rad/m；CCRs表示平均曲率变化率，单位为rad/m；L表示路段总长，单位为m；L_{Ci}表示第i个圆曲线弧长，单位为m；L_{Si1}和L_{Si2}表示第i段线形组合圆曲线两侧的缓和曲线弧长，单位为m。

曲率变化率可用来表示平曲线组合线形弯曲变化的连续性，可以从视觉角度初步判断线形突变和道路中断的位置。研究表明，曲率变化率是影响汽车过弯运行安全的一个重要参数，其变化与事故率有显著关系，如图 2-5 所示，图中圆形表示交通事故率（次/百万车公里），曲线表示曲率变化率与交通事故率关系的拟合曲线。

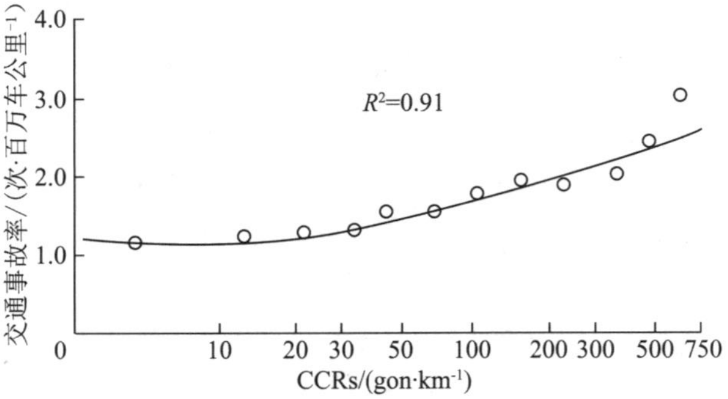

图 2-5 曲率变化率与交通事故率的关系曲线（1 gon＝0.9°）

有研究将驾驶行为特征与道路线形 CCRs 特征值建立联系，分析曲率变化率和平均曲率变化率的差值对道路线形的影响，如表 2-4 所示。

表 2-4 曲率变化率和平均曲率变化率的差值对线形的影响

曲率变化率和平均曲率变化率的差值	指标评价	线形评价
$\lvert CCR-CCRs\rvert \leqslant 2.826\times10^{-3}$	良好	线形设计比较均衡，一致性良好，能够保证运行速度连续，汽车在弯道横向力较小，驾驶舒适性较好
$2.826\times10^{-3}<\lvert CCR-CCRs\rvert<5.652\times10^{-3}$	一般	线形一致性一般，能够保证基本安全，对于超速或车辆性能较差的车存在安全隐患，需设置交通安全设施加以辅助，驾驶舒适性一般
$\lvert CCR-CCRs\rvert \geqslant 5.652\times10^{-3}$	较差	线形平面内弯道过多，变化频繁且幅度过大，线形质量较差，一些极限路段事故多发，驾乘舒适性较差

六、超高

超高是弯道上保证车辆安全行驶的重要设计指标，主要用于平衡车辆做圆周运动时受到的离心力。参照我国《标准》，速度越高，超高值越大，但通常超高设计取值为 2%～8%；对于气候条件较差的地区，如冰冻寒冷地区，其超高设计上限值采用 6%；对于运行速度相对较低的低等级公路，超高上限值一般为 4%；对于高等级公路设计，在需要保证运行速度较高的路段，可适当放宽超高上限值至 10%。

超高取值主要与路段的运行速度、线形特征和交通组成等因素有关。小汽车重心低、速度快，以小汽车运行为主的路段宜采用较大的超高值；大货车重心高、速度慢，以货车运行为主的路段应选用较小的超高设计。如果弯道半径较大，车辆过弯受离心力作用较小，对车辆运行安全影响可以忽略，那么可不采用超高设计，具体如表 2-5 所示。

表 2-5　不设超高的圆曲线最小半径值

设计速度/($km \cdot h^{-1}$)	120	100	80	60	40	30	20
$i_G \leqslant 2\%$ $\mu = 0.035 \sim 0.040$	5500	4000	2500	1500	600	350	150
$i_G > 2\%$ $\mu = 0.040 \sim 0.050$	7550	5250	3350	1900	850	450	200

注：i_G 表示超高值，μ 表示横向力系数。

超高的实现需要完成两个步骤：首先抬起外侧车道，使其与内侧车道路拱横坡度相一致；然后，一起转动至实现全超高。我国《规范》中要求，在实现全超高前需要设置超高过渡段，主要在缓和曲线段实现渐变。

七、加宽

在设计公路路线时，除了要考虑超高，还需要考虑加宽。车辆在平曲线上行驶时，因其受轨迹偏向曲线内侧以及弯道驾驶特征等因素的制约，需要的车道宽度要大于正常直线段宽度值，因此需要额外宽度补足需要。

我国《规范》目前仅提供了三种加宽类型供设计者选用，而未给出具体的计算方法及设计依据。随着特种、超常规车辆（如 35 m 长的平板拖车）的出现以及这些车辆在交通组成中比例的增加（部分公路的货车比例高达 70%），规范中弯道加宽值的使用难以继续满足需求。

车道宽度不仅会影响行车的速度及车辆通行能力，还会直接影响驾驶的安全性与舒适性。若车道宽度不足，则驾驶员不得不在横向空间小于期望值的状态下行驶，安全隐患巨大。我国《规范》与《标准》中都没有明确给出弯道加宽的计算方法，行业内学者普遍认为，由于车辆主要由前轮驱动带动车辆转弯，在弯道上汽车外侧前轮所需要的转弯半径大于其他车轮的转弯半径，因此汽车在曲线上行驶时所占的车道宽度比在直线段上的要大。目前，行业内比较常见的弯道加宽计算模型如图 2-6 所示。弯道加宽值 b_w 可表示为

$$b_w = N\left(\frac{A_1^2 + A_2^2 + \cdots}{2R} + \frac{0.05v}{\sqrt{R}}\right) \tag{2.7}$$

式中，N 表示车道数量；A_1 表示牵引车保险杠至第二轴的距离，单位为 m；A_2 表示第二轴至拖车后轴的距离，单位为 m；R 为圆曲线半径，单位为 m；v 为汽车行驶速度，单位为 m/s。

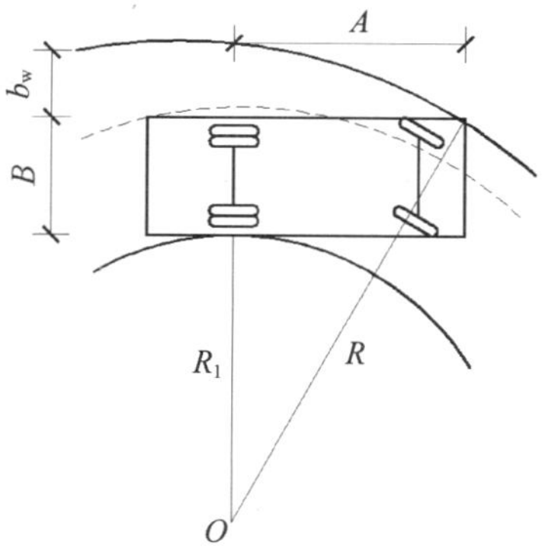

(a) 普通汽车加宽

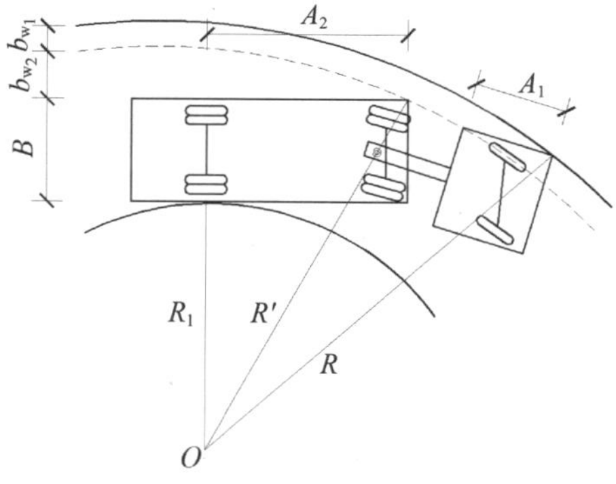

(b) 半挂车加宽

图 2-6　弯道加宽

需要说明的是，使用行业内计算方法求得的加宽值与《规范》中提供的参考值并不对应，即无法考证《规范》中参考值的来源。《规范》中提供了双车道公路圆曲线加宽值，如表 2-6 所示。

表 2-6　双车道公路圆曲线加宽值　　m

加宽类型	轴距加前悬	圆曲线半径								
		200～250	150～200	100～150	70～100	50～70	30～50	25～30	20～25	15～20
1	5	0.4	0.5	0.6	0.7	0.9	1.3	1.5	1.8	2.2
2	8	0.6	0.7	0.9	1.2	1.5	2.0	—	—	—
3	5.2+8.8	0.8	1.0	1.5	2.0	2.7	—	—	—	—

注：单车道公路路面加宽值应为表列规定值的一半。

美国"绿皮书"中的公路加宽计算主要通过以下 6 个步骤完成，如表 2-7 所示。

表 2-7　美国公路加宽计算步骤

步骤	计算说明	公式	参数解释
1	计算车辆轨迹宽度 U：车辆在曲线上行驶时车轮轨迹扫过的宽度	$U=u+R-\sqrt{R^2-\sum L_i^2}$	U 表示曲线上的轨迹宽度，单位为 m； u 表示直线上的轨迹宽度，单位为 m； R 表示圆曲线半径，单位为 m； L_i 表示设计车辆相邻车轴，单位为 m
2	计算侧向净空 C：车道边缘与最靠近的车轮轨迹的净距以及车辆交会时所需的净距	$C=(V+90)/200$	C 表示侧向净空，由道路宽度决定或通过经验公式获得； V 表示设计速度，单位为 km/h。
3	计算前悬加宽值 F_A：外前轮轨迹的外边缘与车身的外侧前边缘的轨迹之间的径向距离	$F_A=\sqrt{R^2+A(2L+A)}-R$	A 表示内车道车辆前悬，单位为 m； L 表示某一单元车辆轴距，单位为 m； R 表示曲线半径，单位为 m

续表

步骤	计算说明	公式	参数解释
4	计算汽车后悬加宽值 F_B：内侧后轮轨迹的外边缘与车身的内边缘之间的径向距离	$F_B \in [0,0.15]$	客车：$F_B=0.15$； 卡车：$F_B=0$
5	计算额外宽裕值 Z：为了满足驾驶员在弯道上驾驶技术与驾驶习惯的多样性而额外增加的宽度	$Z=0.1(V/\sqrt{R})$	V 表示设计速度，单位为 km/h； R 表示曲线半径，单位为 m
6	计算加宽值 w	$w=W_c-W_n$	w 表示行车道曲线加宽值，单位为 m； W_c 表示曲线段行车道宽度，$W_c=N(U+C)+(N-1)F_A+Z$，单位为 m，其中 N 表示车道数； W_n 表示直线段行车道宽度，单位为 m

日本《道路构造令》主要根据设计车型与圆曲线半径适当地进行道路加宽。设计车型包括第 1 种、第 2 种、第 3 种第 1 级、第 4 种第 1 级以及普通车型，如表 2-8 所示。前四种以半挂车型为主，前悬＋前轴距为 $L_1=5.3$ m，后轴距为 $L_2=9.0$ m；普通车型主要为单轴小汽车，前悬＋前轴距为 $L_1=8.0$ m。

表 2-8 《道路构造令》单车道加宽值

圆曲线半径/m		加宽值/m
第 1 种、第 2 种、第 3 种第 1 级、第 4 种第 1 级	普通车型	
$150<R\leqslant280$	$90<R\leqslant160$	0.25
$100<R\leqslant150$	$60<R\leqslant90$	0.50
$70<R\leqslant100$	$45<R\leqslant60$	0.75

续表

<table>
<tr><td colspan="2">圆曲线半径/m</td><td rowspan="2">加宽值/m</td></tr>
<tr><td>第 1 种、第 2 种、第 3 种第 1 级、第 4 种第 1 级</td><td>普通车型</td></tr>
<tr><td rowspan="6">50<R≤70</td><td>32<R≤45</td><td>1.00</td></tr>
<tr><td>26<R≤32</td><td>1.25</td></tr>
<tr><td>21<R≤26</td><td>1.50</td></tr>
<tr><td>19<R≤21</td><td>1.75</td></tr>
<tr><td>16<R≤19</td><td>2.00</td></tr>
<tr><td>15<R≤16</td><td>2.25</td></tr>
</table>

对比分析我国、美国和日本的公路加宽计算值的规定，不难发现：

① 我国《规范》对加宽计算值的规定与日本《道路构造令》中的规定相似，均认为公路加宽主要适用于圆曲线半径较小的线形条件（$R<250$ m），对较大的圆曲线半径，弯道加宽不作要求；相反，美国“绿皮书”中考虑公路加宽的范围更广，内容更详细，主要计算了较大圆曲线半径的加宽值。

② 美国“绿皮书”中提供了丰富的计算车型，从单轴小汽车到多轴卡车，并详细地计算了各车型的加宽值；日本《道路构造令》和我国《规范》简化了计算车型，我国《规范》中主要提供了三类计算车型，且最不利车型总长度只有 14 m（第三类，5.2＋8.8），显然这三类车型已不能完全代表我国当前公路运营中的典型车辆。

③ 我国车道加宽值计算与日本的计算方法都以道路类型为基础，先考虑加宽属于何种类型，再通过几何计算获得具体加宽值；美国“绿皮书”主要以车型为基础，并结合设计车速、道路几何条件等因素综合计算获得。

八、纵坡坡度

坡度是纵断面设计中的重要控制指标，道路受地形起伏影响，纵断面坡度及坡长设计不仅会影响车辆爬坡效能，而且对道路工程造价及后续的运输成本影响较大。通常，纵坡越陡、坡长越长，其对车辆的爬坡性能和驾驶安全影响就越大。在上坡段，车辆需要减挡以增加动力输出，发动机低速运转导致负荷增大、燃油量增加，性能较差的载重货车速度衰减显著，可能严重影响性能较好的小客车高速通行，带来安全隐患；在下坡段，由于车辆自重引起速度增加及产生向下的惯性力，货车容易出现刹车失灵、车辆失控等状况，从而导致交通事故发生。此外，坡顶可能存在视距问题。长大上坡、陡坡也容易造成驾驶员生（心）理的紧张，增加操作失误的可能性。因此，各国规范对不同等级的道路设计都有明确的坡度规定值。

最大纵坡值计算主要考虑载重汽车的爬坡性能和公路通行能力，其车辆爬坡的动力平衡方程可表示为

$$T=F_G+F_R+F_I \tag{2.8}$$

式中，T 表示驱动力；F_G 表示空气阻力；F_R 表示路面摩擦阻力；F_I 表示惯性阻力。

定义变量动力因素 D 表示车辆的动力性能，即 $D=\dfrac{T-F_G}{G}$，其中 G 表示车辆重力。研究表明，变量 D 与加速度 a 有关，其表达式为

$$D=(f+i)+\frac{\delta}{g}a \tag{2.9}$$

式中，f 表示滚动摩擦力系数；i 表示纵坡值；δ 表示惯性力系数；g 是重力加速度。

考虑海拔荷载修正系数 λ，由式（2.9）可得出

$$i=\lambda D-f \tag{2.10}$$

统计显示，纵坡坡度的增加会显著改变车辆的运行速度，对于不同的车型，其速度分布离散性变大，尤其是小汽车与载重货车之间的速度差异。其统计分析结果如图 2-7 所示，图中柱状体表示事故率（次/百万车公里），曲线表示事故率与纵坡坡度关系的拟合曲线。当纵坡坡度

大于 5%时，事故率呈非线性增长。

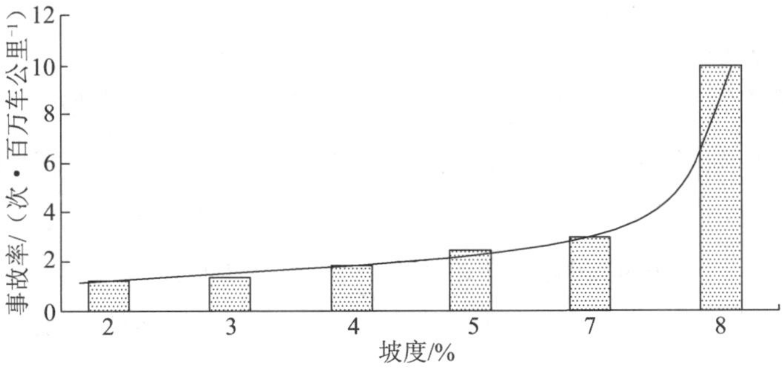

图 2-7 事故率与纵坡坡度的关系

九、坡长

坡长是指连接纵断面前后变坡点的水平距离，通常认为坡长既不能过长也不能过短，否则会对车辆的安全行驶造成影响。在上坡段，坡长过长会增加车辆爬坡的动力消耗，减缓运行速度；在下坡段，坡长过长会造成车辆超速，司机频繁踩刹车会引起刹车失灵，这两种情况均对大货车影响显著。而过短的坡长会致使道路在纵断面起伏变化过快，道路线形均衡性较差，不利于驾驶员生（心）理对道路的感知和操作的平稳性。因此，我国《规范》中既给出了最小坡长的下限值，又给出了最大坡长的上限值。

以载重货车为例，坡长计算主要与车辆动力性能输出和车辆运行速度变化有关。《规范》中认为，车辆在爬坡过程中速度虽然会减缓，但减至某一特定速度时又会维持这个稳定速度做匀速运动，车辆能匀速运行多久与车辆的动力性能有关。显然，车辆的入坡速度越高、动力性能越好，对坡长的适应性就越强。但实际坡长指标取值应以性能较差的车型为计算依据。

据调查，我国山区公路有 1/4 的事故发生在纵坡路段，平原和微丘区纵坡事故数约占事故总数的 1/5。因此，坡长指标的合理选用也需要进一步研究。

十、竖曲线

竖曲线是纵断面线形必不可少的组成部分，用于使变坡点前后的纵坡突变变得圆润和缓和。我国竖曲线一般采用大半径圆曲线作为纵坡改变的过渡段，而美国常采用二次抛物线作为竖曲线基本线形。在线形使用功能上，两者差别不大；在绘图和计算上，圆曲线相对容易实现。

竖曲线指标设计类似于平曲线设计，主要考虑两个控制指标，即圆的半径和弧长，其取值大小与驾驶感受、停车视距以及线形均衡性和连续性有关。与平曲线设计不同的是，竖曲线在空间表现上有凸形和凹形两种形式，其停车视距受到遮挡的方式有明显差异。另外，由于高差的存在，纵断面起伏过大会造成驾驶员与乘客生（心）理产生较大的波动，出现超重或失重的紧张感，均不利于行车安全。

十一、车道宽度

车道宽度首先应能满足所有车辆的基本通过需求，在此基础上还需要考虑驾驶员的安全需求和运行中车辆修正轨迹所需要的额外空间。车道宽度足够时，驾驶员就会选择合适的运行速度行驶，从而在保证安全的前提下实现较好的交通通行能力；车道宽度不足或不能保证驾驶员心理预期需求时，车辆行驶速度就会降低，交通通行能力下降，驾驶员也容易因紧张导致操作失误。

各国对车道宽度都有明确规定，大多车道宽度的取值为3.0～4.0 m。我国《规范》中提供的最大车道宽度为3.75 m，最小车道宽度为3 m；美国的车道宽度取值为2.7～3.9 m；日本的车道宽度取值为2.75～3.5 m，详细对比见表2-9。从表中可以看出，我国车道加宽取值区分度较小，且取值偏于保守。

表 2-9 各国车道宽度对比 m

道路等级		中国	美国	日本
高速公路		3.75	3.6～3.9	3.5
城市快速路		3.75	3.6～3.9	3.5
城市主干路	大型车辆或大小型车辆混行($V \geq 40$ km/h)	3.75	3.6～3.9	3.5
	大型车辆或大小型车辆混行($V < 40$ km/h)	3.5	3.6～3.9	3.25～3.5
	小客车车道	3.5	3.6～3.9	3.25
城市次干路与一般公路		3.5	3.3	2.75～3

十二、路肩宽度

路肩宽度设计不仅要保证驾驶所需的安全宽度，还要体现宽容性设计理念。硬路肩的作用包括紧急停车、避险，以及提供空间供驾驶员修正错误。

较窄的硬路肩宽度对道路安全的影响主要体现在两个方面：① 当有车辆紧急停靠时，路面有效行车宽度会减少，从而使其他驶过车辆的行驶轨迹发生偏差，这种偏差会在车速较高时引发驶出道路范围的事故；② 土路肩上的泥浆会污染行车道范围内的路面，降低路面的摩擦系数。硬路肩宽度增大有利于减少交通事故，但当硬路肩宽度持续增加时，道路安全性并没有显著增加的趋势。在相同条件的标准路段，为与行车道宽度的事故率系数具有相同的标准路段，建立硬路肩宽度 b 与事故率系数 K 之间的关系模型，如下式：

$$K=1.073-0.411b+0.0623b^2 (适用于 b=0.5\sim3\ \text{m}) \quad (2.11)$$

硬路肩宽度的相对事故率见表 2-10。

表 2-10 硬路肩宽度的相对事故率

硬路肩宽度/m	0.50	1	1.50	2	2.50	3
相对事故率/%	2.20	1.70	1.40	1.20	1.10	1.00

十三、视距

足够的视距是驾驶员感知道路前方线形空间形式并做出正确判断的必要保证，由于三维视距数值计算的复杂性，道路平面线形和纵向线形的视距被分别研究，如图 2-8 所示。目前主要的视距研究方法和优缺点见表 2-11。

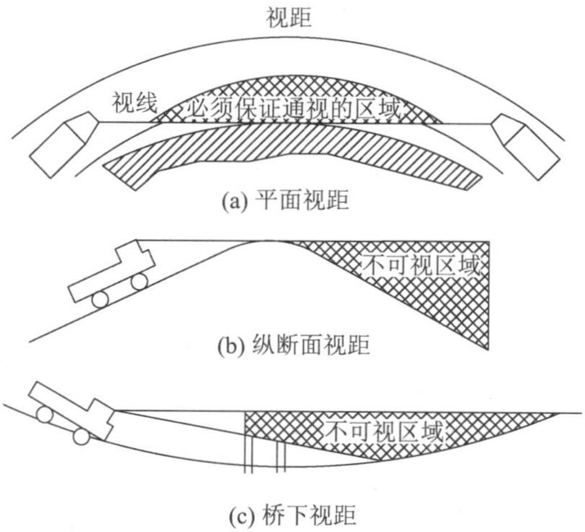

图 2-8 影响视距的地点

表 2-11 视距研究方法比较

序号	方法及描述	优点	缺点
1	水平和纵向线形在平面投影，二维求解方法，是一种简化方法和定性分析方法	简单，容易理解和计算	可能不符合实际情况
2	几何图解法，二维解析方法，利用道路线形几何特征建立计算模型求解	一个近似定量计算	可能低估或高估真实值，耗时
3	有限元法，三维计算方法，逐步搜寻最近的障碍物	精确计算法，实现计算机求解，节约计算成本	理想化可能不符合实际，耗时
4	计算机辅助可视化检查，三维分析方法，构建虚拟道路环境	可视化，直观感受	精度难以保证，耗时

续表

序号	方法及描述	优点	缺点
5	曲线拟合法，三维求解法，利用已知曲线性质进行拟合	拟合曲线性质已知，求解方便	拟合精度可能不足
6	数值参数表示，三维求解方法，构建参数方程，可实现计算机编程自动求解	数值计算精度高，计算机计算节约成本，最符合实际情况	模型构建难度大

在实际工程中，平纵线形设计不协调可能会导致驾驶条件困难，有效安全视距减少，如平纵组合中平面小半径曲线接纵断面凸曲线，若内侧有障碍物（如树木）遮挡，则很可能存在视距不足的问题。当前基于二维模型简化的计算方法可能会低估或高估视距的有效值，而基于三维数值参数构建模型非常困难，以至于很难在实际场景中应用。

第五节　道路线形指标组合

道路线形组合应与周围的自然及社会环境相协调，既要满足基本的车辆行驶力学要求，也要考虑线形组合空间上的连续性，以满足道路使用者生（心）理及视距等方面的需求，还要兼顾道路使用安全、舒适和经济的要求。

我国《规范》指出在设计道路线形时，应根据各级公路要求充分考虑公路功能和设计速度，有重点地进行线形设计。高速公路及干线（一级和二级）公路，应注重立体线形设计，主要考虑线形的连续性和均衡性，保证良好的视距和驾乘舒适性，并与周围景观相协调；具有集散功能的一、二级公路，应更加注重公路横断面和路线交叉口的组合设计，以满足混合交通的需求；普通的三、四级双车道公路，应侧重考虑投资效益，在保证车辆行驶安全的前提下，可以采用规范要求较低的设计标准，以达到最好的经济效益。无论采用上述哪种设计标准，道路线形设计在整体上都应该考虑平、纵、横的技术指标的相互衔接和相对均衡。

目前，我国线形指标设计还是采用分离式的处理手段，即先分别进行平面、纵断面和横断面线形设计，再进行线形组合设计，包括线形与桥隧的组合、线形与沿线设施的配合及线形与环境的协调。

道路平面线形设计应充分考虑与地形及周围环境相适应，满足车辆行驶的力学平衡。对于平曲线，《规范》中鼓励使用较大的圆曲线半径进行公路路线转弯设计，不鼓励采用过小的转角。如果无法克服地形及环境限制，《规范》中也明确规定了路线转角小于7°时，曲线的长度取值。对于平面线形设计中直线段、缓和曲线和圆曲线的组合设计及指标选用，存在一定的合理区间，并不是所有的组合都能够保证较高的安全水平，例如两个反向圆曲线间不应设置短直线，长直线不应直接与小半径平曲线连接。

纵断面线形设计同样应考虑与地形地貌相适应，以及与周围环境相协调，还应满足顺应地形起伏和视觉连续的要求。由于纵断面涉及土石方挖填，因此在寻求经济效益的同时还要保证较高的安全水平。纵坡坡度和坡长指标的控制，应充分考虑我国混合交通状况以及性能较差且容易超载的大货车使用国情，关注长大坡上坡和下坡的行驶安全。《规范》中建议对使用接近或达到最大指标的设计，采用运行速度对连续上坡方向的通行能力和下坡方向的行车安全进行检查。

横断面线形设计应做好前期交通量的调查和预测，合理布设路基宽度及车道数量，减少对生态环境的影响；还应注重中间带、加减速车道、交通渠化、路侧、排水等细部设计，体现宽容性设计理念。

道路线形的组合是一个有机的整体，各技术指标的叠加构成了空间的公路路径，合理的设计能够清晰明确地指引驾驶员安全舒适地完成路径行程，但不良的道路设计可能会诱导或误导驾驶员犯错。因此，合理的道路线形设计已成为减少交通事故、提升公路安全水平的关键部分。

一、平面线形组合

平面线形主要由 3 种基本设计元素构成，包括直线、缓和曲线和圆曲线。基本的平面线形组合有以下 8 种形式，如表 2-12 所示。

表 2-12 平面线形组合类型及特征

序号	组合类型	图例	线元组合	安全性	适用性
1	简单型	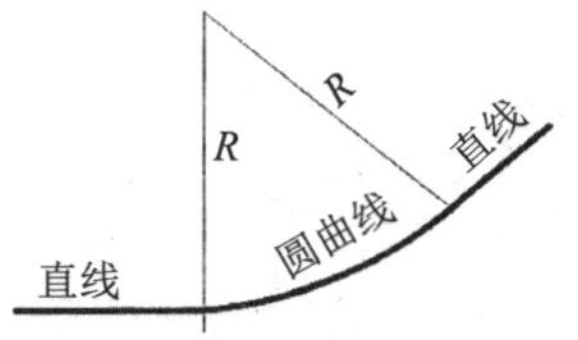	直线—圆曲线—直线	直圆、缓圆点是突变点，小半径曲线线形连续性差	四级及等外公路
2	基本型	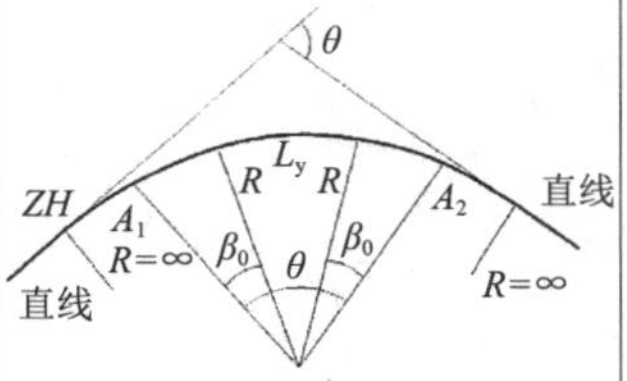	直线—回旋线—圆曲线—回旋线—直线	线形连续性和协调性均较好	各级公路
3	S 型	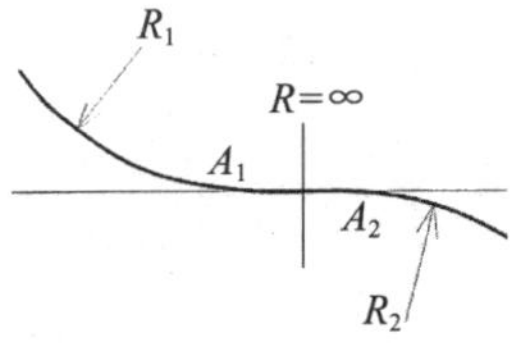	用两条反向回旋线连接两个反向圆曲线	线形连续性较好，有利于车辆减速	各级公路
4	凸型	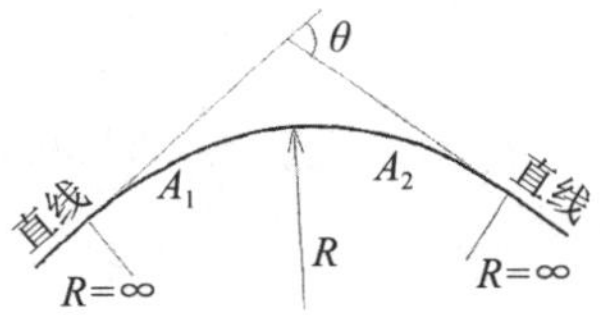	两条同向回旋线间不插入圆曲线直接衔接	驾驶操作负荷大，超高设置导致衔接点边缘突变，不利于行车	尽量避免使用
5	C 型	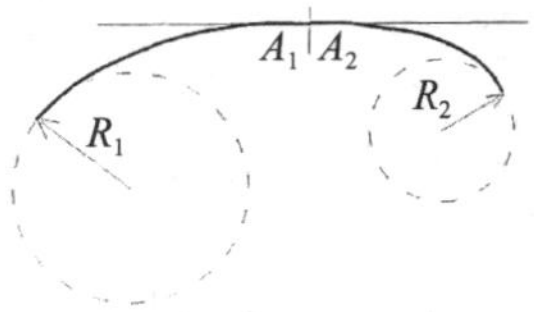	两条同向回旋线在曲率为零处衔接	对行车和视觉均不利	尽量避免使用

续表

序号	组合类型	图例	线元组合	安全性	适用性
6	复合型	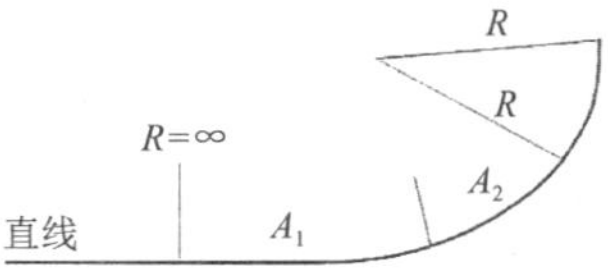	两条以上同向回旋线在曲率相等处互相连接	对驾驶操作不利	互通式立体交叉的匝道
7	复曲线：圆曲线直接相连	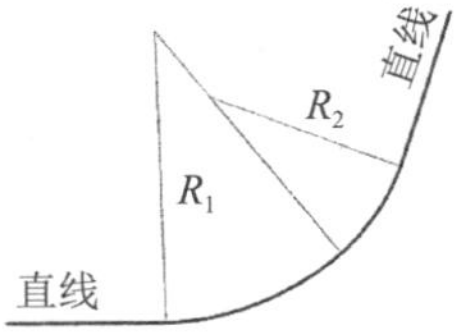	两端用直线连接两条同向圆曲线	线形较为连续，有一定负荷操作	各级公路
	复曲线：两端带缓和曲线	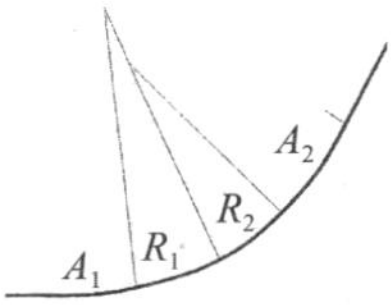	两端用回旋线连接两条同向圆曲线		
	复曲线：卵型	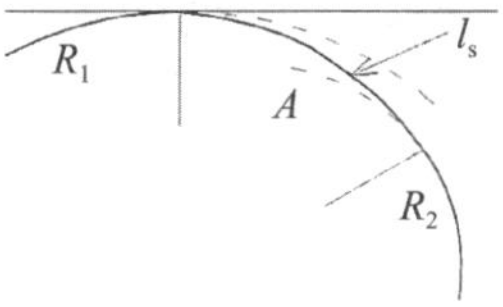	用一条回旋线连接两条同向圆曲线		
8	回头曲线	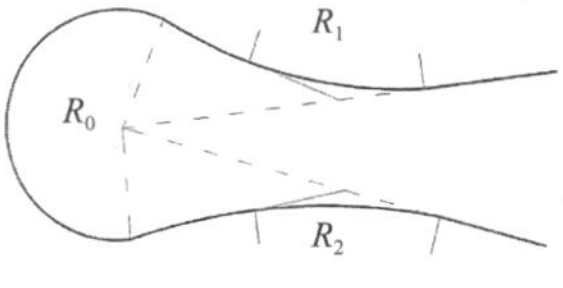	在同一坡面上转角接近或大于180°的曲线	线形差，视距不良	山区低等级公路

平面线形组合主要控制线形路径的方向，在起点和终点确定的情况下，公路的线形仍然有任意的选择可能，但各指标参数的选用受到一定的约束，即规范的要求，没有绝对的参数指标组合而成的最优路径，只能采用较为合适、安全水平较高的路线。通常，直线使用应注意配合地形和周围环境，不宜过长；圆曲线应配合超高和加宽设计，避免极限小半径圆曲线的使用；回旋曲线应控制缓圆比（缓和曲线长度和圆曲线长度比值），在各种平面线形组合中，尽量发挥缓和曲线作为衔接线元的作用。

二、纵断面线形组合

纵断面线形主要由两种基本线形元素构成，包括直线（切线）和竖曲线（圆曲线或抛物线），其组合形式主要有两种，即凸形曲线和凹形曲线，如图 2-9 所示。直线，即为上下纵坡，在路径空间上表示水平线形抬高或降低后与水平面的高差。直线的坡度及长度不仅影响公路工程建设造价，还影响车辆的爬坡速度、交通的运输成本和车辆行驶的安全性。为了保证线形的平顺和安全视距的需要，在变坡点处设置竖曲线帮助坡度转换。我国竖曲线多采用大半径圆曲线形式，而北美地区国家多采用抛物线形式。两种竖曲线相比较，抛物线在工程中更利于实际测量及线形布设。

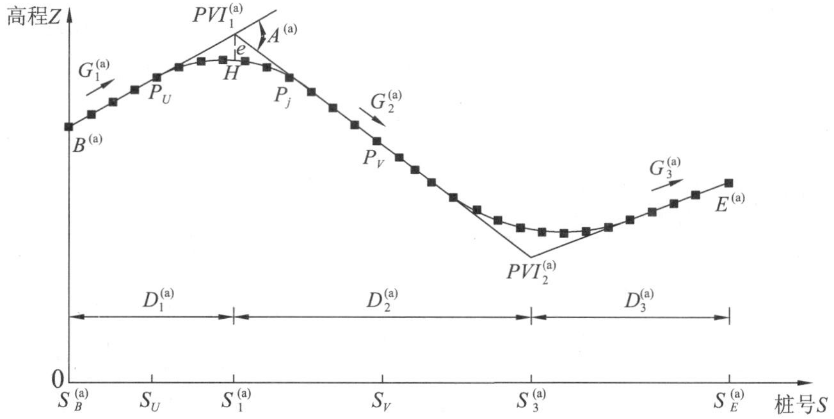

图 2-9　凸形曲线（左）和凹形曲线（右）

纵断面线形组合应考虑挖填平衡和顺应地形起伏。为了方便计算，我国竖曲线采用较大半径的圆曲线代替竖向抛物线，当相邻纵坡之间代数差较小时，应尽可能选择半径较大的竖曲线作为变坡点处坡度的过渡。各级纵坡应避免使用最大纵坡和对应的最大坡长，纵坡设计应尽可能避免迁就地形起伏变化，采用平缓的纵坡。

《规范》中建议，当设计速度 $V \geqslant 60$ km/h 时，为了保证足够的安全视距，应选用半径较大的竖曲线和弧长较长的竖曲线进行过渡，如

表 2-13 所示。

表 2-13 视觉所需的最小竖曲线半径值

设计速度/(km·h^{-1})	竖曲线半径/m	
	凸形	凹形
120	20000	12000
100	16000	10000
80	12000	8000
60	9000	6000

三、平纵线形组合

平纵线形组合应保持各指标间相对均衡和变化节奏相互协调，组合后的线形应满足空间上的连续性，包括视觉连续、运行速度连续和加速度连续。路线线形在视觉上应能自然顺畅地引导驾驶员的视距，在生（心）理上能给驾驶员安全感和舒适感，如图 2-10 所示。

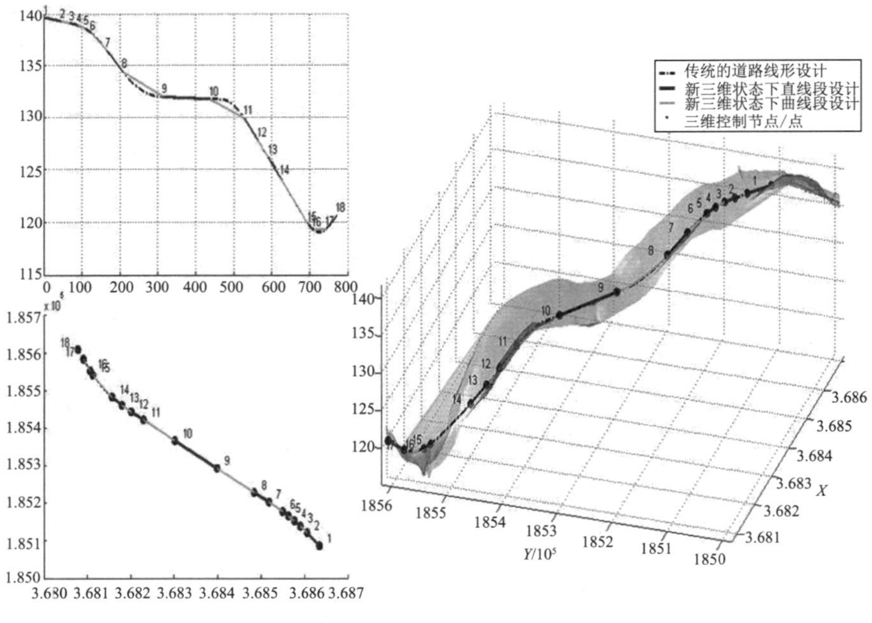

图 2-10 平纵线形空间组合

平面直线或较大半径圆曲线与纵坡线或竖曲线组合时，只要竖曲线取值合理，一般就能获得比较好的行车舒适感和有效视距；平曲线与竖曲线重叠时，平曲线应稍长于竖曲线，使驾驶员能够获得较好的道路感知，方便判断道路走向；平、纵曲线应保持大小均衡，竖曲线半径为平曲线半径的 10～20 倍，如表 2-14 所示。

表 2-14 平、纵曲线半径均衡值 m

圆曲线半径	竖曲线半径	圆曲线半径	竖曲线半径
500	10000	1100	30000
700	12000	1200	40000
800	16000	1500	60000
900	20000	2000	100000
1000	25000		

第六节 本章小结

本章总结了国内外道路设计中线形指标的选用研究状况，并对比分析了中国、美国、日本的设计规范中关于指标设计的相关规定，基于此重点分析了 13 个敏感指标，其中包括特征指标，如缓圆比、曲率等。除此之外，还讨论了线形指标组合的各种形式，最终完成了对道路线形设计指标系统的综述。

03

第　三　章

道路线形设计模拟与仿真

目前，对于道路线形设计指标的评价主要通过实测标定、事故统计回归分析或模拟仿真等手段实现。前两者只有在已建公路上才能实现，且实测和事故采集都有一定的局限性，不仅耗时长、成本高，而且数据的普适性及有效性也需要时间来验证。模拟仿真手段通过控制变量法，可以很容易地构建不同参数指标组合的道路线形模型，短时间内就能获取大量具有对比价值的参数输出值，通过分析即可评价道路线形指标选用的有效性。

为了对第二章中道路线形设计指标综合分析进行进一步研究，也为了接下来在指标优化和安全评价中考虑人—车—路协同响应，本章将使用驾驶模拟器 UC-win/Road、生心理反馈仪和车辆动力学仿真软件 ADAMS/Car 等工具对几种典型的道路线形组合进行仿真试验，以标定道路线形指标的敏感性，为后续的指标量化研究做铺垫。

第一节　试验设计

试验采用平、纵及平纵组合 3 种形式进行分组试验，平面线形组合采用最为常见且适用于各级公路的 S 形曲线；纵断面线形组合采用长上坡加竖曲线，考虑 3 种情况分别为同向上坡凹曲线、同向上坡凸曲线和变坡点前后反向凸曲线；平纵组合采用典型山地公路，路段内平纵组合形式多样，主要进行路段连续试验和路内比较。

为了进行有效试验，本书采用控制变量法对试验路段进行多组对比仿真。评价标准为线形设计一致性，包括线形设计均衡性、速度一致性、驾驶员生（心）理波动性、驾驶车辆操作负荷及连贯性。

试验主要采用双车道公路，路基宽度一般采用 8.5 m，车道宽度为 3.5 m，硬路肩宽度为 0.75 m。假设设计速度为 60 km/h，参照我国《规范》，详细控制性技术指标见表 3-1。

表 3-1 《规范》中部分技术指标值

序号	平面指标		纵断面指标	
	指标名称	指标值	指标名称	指标值
1	设计速度/($km \cdot h^{-1}$)	60	最大纵坡/%	6
2	平曲线极限最小半径/m	125	最大平均纵坡/%	5.5
3	平曲线一般最小半径/m	200	最小坡长/m	150
4	不设超高最小平曲线半径/m	1500	最大坡长/m	600
5	平曲线最小长度/m	100	凸形竖曲线一般最小半径/m	2000
6	回旋线长度/m	50	凹形竖曲线一般最小半径/m	1500
7	最大超高/%	4	凸形竖曲线极限最小半径/m	1400
8	加宽一般值/m	2.5	凹形竖曲线极限最小半径/m	1000
9	停车视距/m	75	竖曲线长度一般值/m	120
			竖曲线长度极限值/m	50

由于线形组合涉及的技术指标较多，且指标之间也存在一定联系，如曲率变化率与回旋线长度、圆曲线半径、圆曲线长度均有关系，因此不可能做到穷极试验，本书的主要思想是选取实际应用中典型的较常使用的线形组合形式，通过控制变量方法进行有针对性的仿真试验。

一、平面线形组合形式

平面线形组合设计思想：选择S形线形组合作为研究对象，基本型单元采用回旋线对称布设（圆曲线两侧回旋参数相等），共设计6种组合形式，重点考察以下3种组合指标参量：

① 缓圆比，即缓和曲线长度与圆曲线长度的比值，记作γ，取值区间［0.5，1.0］；

② 回旋参数比，即基本型曲线间相连接回旋线参数比值，记作η，

取值区间 [0，1.5]；

③ 平均曲率变化率，即 S 形曲线全路段曲线转角与曲线弧长的比值，记为 CCRs，取值区间 [0，0.0057]。

首先，考虑试验组 1～3 控制前半部分基本型线元组合，固定圆曲线半径和缓和曲线长度（即控制前半部分走向），参数选用《规范》中的极限控制指标值，以后半段基本型线元组合变化为主，包含试验组 1 中后半段采用略微“超标”设计，目的是考察后半段较大线元变化对整体驾驶感受和操控的影响；试验组 4～6 进行前后基本型线形组合联动，参数指标值选取保证区分度，进行动态仿真，并保证试验组 1～6 中特征参数计算值能够基本涵盖各自取值区间，从整体考察线形组合选用指标的优劣。具体试验组指标参量见表 3-2。

表 3-2　平面线形组合试验组指标参量

试验组号	S形曲线								特征参量计算			
	基本型曲线				基本型曲线							
	半径 R_1/m	回旋参数 A_1	缓和曲线长度 L_{S1}/m	圆曲线长度 L_{C1}/m	半径 R_2/m	回旋参数 A_2	缓和曲线长度 L_{S2}/m	圆曲线长度 L_{C2}/m	缓圆比 γ_1	缓圆比 γ_2	回旋参数比 η	平均曲率变化率 CCRs
1	125	79.06	50	50	100	63.25	40	40	1	1	1.25	0.0059
2	125	79.06	50	75	200	109.54	60	80	0.67	0.75	0.72	0.0045
3	125	79.06	50	100	300	159.69	85	100	0.50	0.85	0.50	0.0039
4	150	98.74	65	65	150	90.83	55	60	1	0.92	1.09	0.0044
5	200	122.47	75	80	225	129.90	75	75	0.94	1	0.94	0.0032
6	250	141.42	80	90	175	106.65	65	100	0.89	0.65	1.33	0.0034

（1）试验组模型 1：S 形组合曲线，依据《规范》，设计速度为 60 km/h 时，圆曲线极限最小半径为 125 m，缓和曲线最小长度为 50 m。试验组 1 前半段基本型组合采用《规范》中的极限值，后半段采用略微“超标”的设计值。其中，$R_1=125$ m，$R_2=100$ m，交点 JD1 处回旋线长度取极限最小值，$L_{S1}=50$ m，交点 JD2 处回旋线长度

取值低于《规范》，$L_{S2}=40$ m，圆曲线长度取值等于各自回旋线长度，平面线形组合模型 1 如图 3-1 所示。

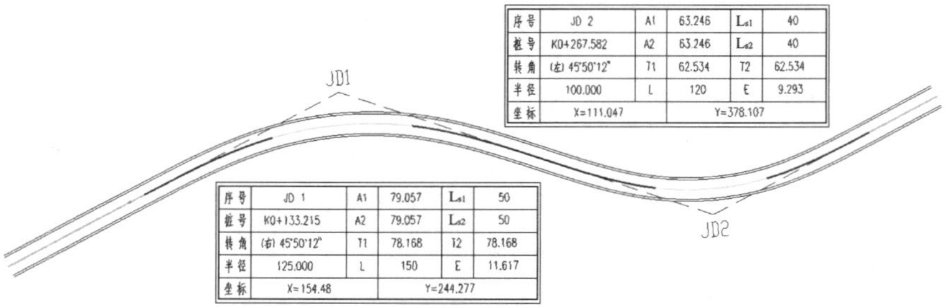

图 3-1　平曲线形组合模型 1

（2）试验组模型 2：S 形组合曲线，保证各项指标均满足《规范》的要求，控制交点 JD1 段圆曲线半径和回旋曲线长度采用《规范》中的极限值，$R_1=125$ m，$L_{S1}=50$ m；交点 JD2 段中指标选用一般值，$R_2=200$ m，$L_{S2}=60$ m，圆曲线长度取值控制略大于回旋线长度，平面线形组合模型 2 如图 3-2 所示。

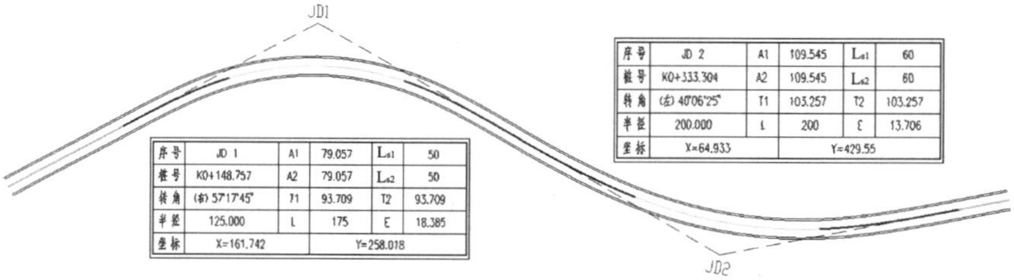

图 3-2　平曲线形组合模型 2

（3）试验组模型 3：S 形组合曲线，控制交点 JD1 段圆曲线半径和回旋曲线长度采用《规范》中的极限值，$R_1=125$ m，$L_{S1}=50$ m；交点 JD2 段中指标选用较宽松值，$R_2=300$ m，$L_{S2}=85$ m，圆曲线长度取值大于回旋线长度，但控制不超过 1.5 倍。平面线形组合模型 3 如图 3-3 所示。

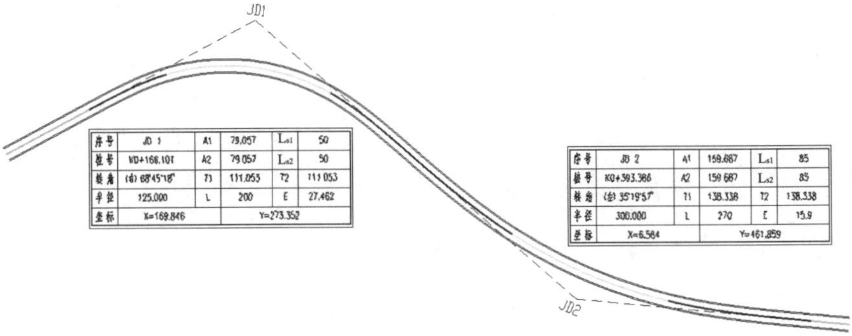

图 3-3 平曲线形组合模型 3

（4）试验组模型 4：S 形组合曲线，保证各项指标均满足《规范》的要求，开始变动交点 JD1 段各项指标的参数值，采用《规范》中的一般值，$R_1=150$ m，$L_{S1}=65$ m；交点 JD2 段中指标同样选用一般值，$R_2=150$ m，$L_{S2}=55$ m，圆曲线长度取值略大于回旋曲线长度，分别为 $L_{C1}=65$ m 和 $L_{C2}=60$ m，平面线形组合模型 4 如图 3-4 所示。

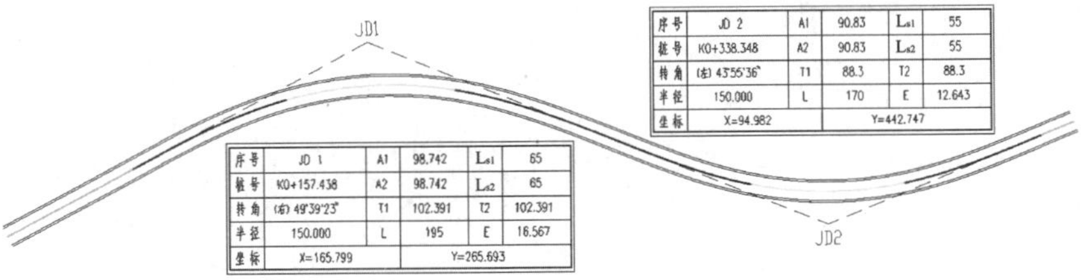

图 3-4 平曲线形组合模型 4

（5）试验组模型 5：S 形组合曲线，JD1 段设计指标采用一般较大值，JD2 段设计指标均采用较大值，使线形组合具有较好的连续性，考察当两段基本型线形组合指标都选用较好参数值时，线形对车辆驾驶安全及驾驶员生（心）理的影响。交点 JD1 段圆曲线半径、回旋曲线长度和圆曲线长度指标值为 $R_1=200$ m，$L_{S1}=75$ m 和 $L_{C1}=80$ m；交点 JD2 段圆曲线半径、回旋曲线长度和圆曲线长度指标值为 $R_2=225$ m，$L_{S2}=75$ m 和 $L_{C2}=75$ m，平面线形组合模型 5 如图 3-5 所示。

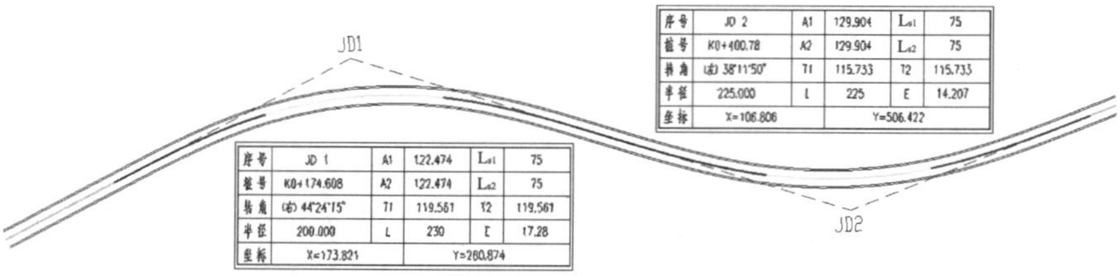

图 3-5 平曲线形组合模型 5

（6）试验组模型 6：S 形组合曲线，与模型 5 的主要区别是模型 6 在保持 JD1 段继续优化增大设计指标值的同时，降低了 JD2 段设计指标值，采用一般值，使得前半段更加连续顺畅的基本型线形组合接入线形质量下降的后半段，考察在基本型线形质量一增一减状态下组合指标选用的变化情况，同样关注线形对车辆驾驶安全及驾驶员生（心）理的影响。交点 JD1 段圆曲线半径、回旋曲线长度和圆曲线长度指标值为 $R_1=250$ m，$L_{S1}=80$ m 和 $L_{C1}=90$ m；交点 JD2 段圆曲线半径、回旋曲线长度和圆曲线长度指标值为 $R_2=175$ m，$L_{S2}=65$ m 和 $L_{C2}=100$ m，平面线形组合模型 6 如图 3-6 所示。

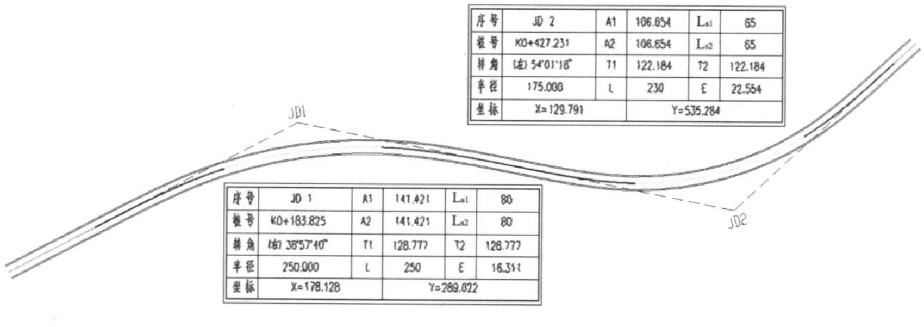

图 3-6 平曲线形组合模型 6

二、平纵线形组合形式

平纵线形组合采用已建公路模型，选取其中线形质量较差的一段作为仿真路段，此路段是纵坡起伏较大的山区路段，弯坡组合较多，指标选用多接近极限值，但严格参照我国交通运输部颁布的《规范》的相关指标执行，如图 3-7 所示。线形主要技术指标见表 3-3。

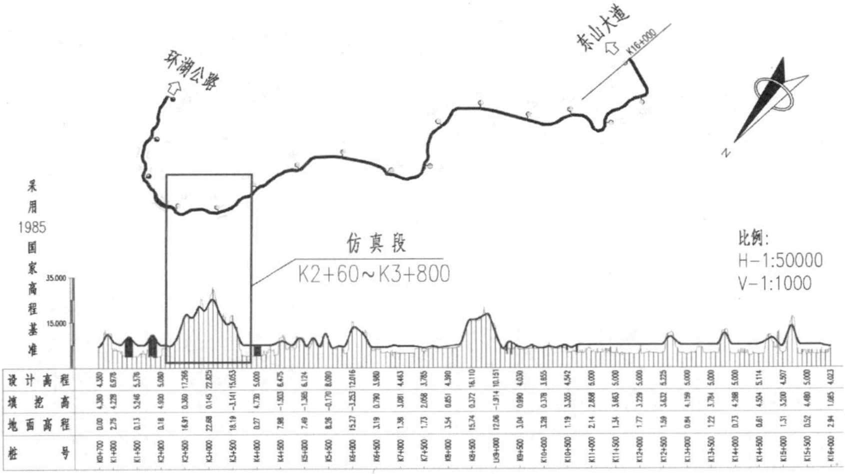

图 3-7 仿真路段平纵概况

表 3-3 线形主要技术指标

序号	指标名称	指标值
1	公路等级	二级公路（山区段）
2	路线长度/km	16.000
3	设计速度/(km·h^{-1})	40
4	路基宽度/m	7.25，11.5，19.5
5	平曲线极限半径/m	35.781
6	平曲线一般最小半径/m	100
7	不设超高最小平曲线半径/m	600
8	最大纵坡/%	7
9	最小纵坡/%	0
11	凸形竖曲线一般最小半径/m	700
12	凹形竖曲线一般最小半径/m	800

山区路段设计速度采用 40 km/h，采用双向两车道，路基总宽度为 11.5 m，分离式路基段路基宽度为 7.25 m。平纵线形组合设计时，应力求平纵面线形指标间的均衡。在平曲线与竖曲线组合时，力求做到“平包竖”，图 3-8 所示的平纵线形组合模型，保持了线形的连续性和良好的视线诱导。

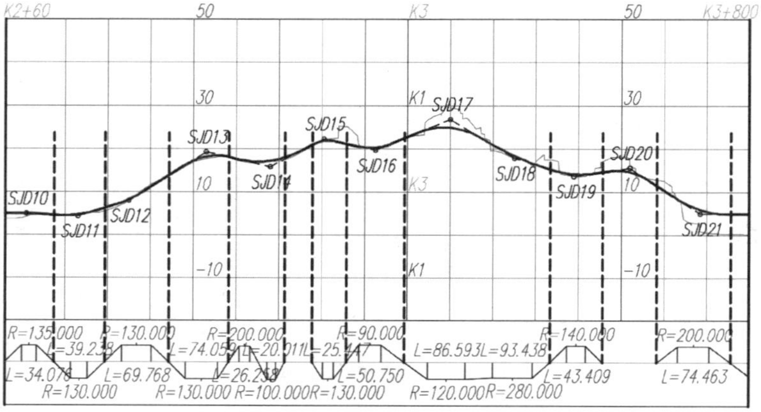

图 3-8　平纵线形组合模型

第二节　道路模型数据提取

构建适用于仿真使用的路线三维模型主要分为 2 个阶段。第一阶段使用道路设计软件 DICAD 绘制道路模型，根据不同设计指标的仿真需求，构建多组道路模型，每个模型都能生成对应的路基设计表和逐桩坐标表数据；第二阶段利用 Excel 提供的 VBA 宏代码将 DICAD 道路设计软件生成的 Excel 设计参数表中的数据转换成 .xml 文件格式，目的是将道路设计软件中的路线模型转换成仿真软件能够识别和读取的文件。具体代码见附录 A，文件转换器界面见图 3-9。

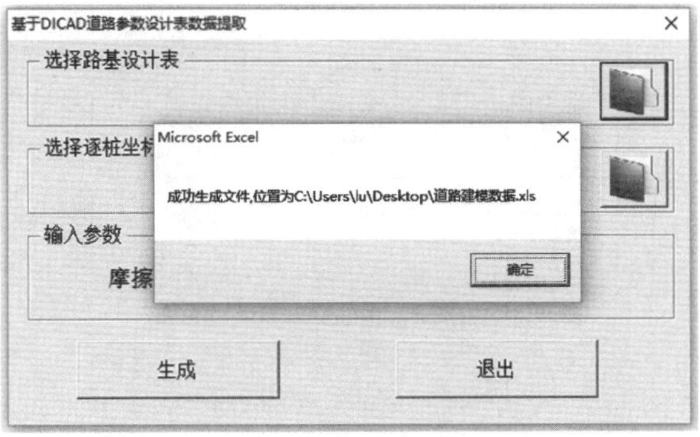

图 3-9 文件转换器

第三节 基于 UC-win/Road 驾驶模拟仿真的指标分析

驾驶模拟仿真借助 UC-win/Road 驾驶模拟器与生心理反馈仪，设备见图 3-10 和图 3-11。通过 DICAD 构建道路模型并将其转换成驾驶模拟器能够识别的 LandXML 文件，导入 UC-win/Road 道路模块中，从而建立道路仿真平台，设计步骤见图 3-12。

图 3-10 驾驶模拟器

图 3-11 五通道多参数生心理反馈仪

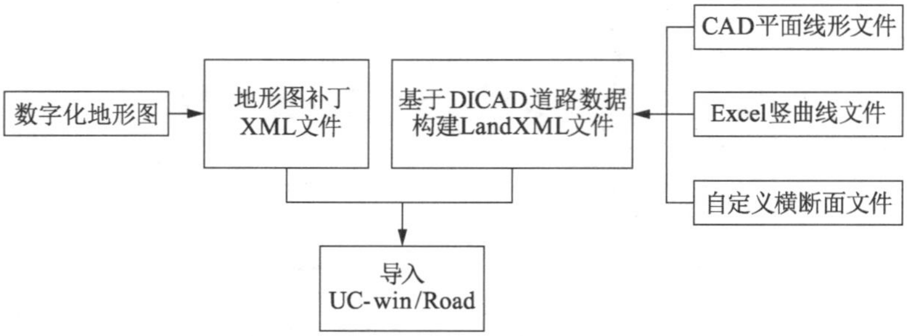

图 3-12 仿真平台构建步骤

驾驶员驾驶车辆在不同的道路环境中行驶表现出不同的驾驶特征和驾驶倾向，道路线形对驾驶员生（心）理反应主要表现在驾驶的工作负荷、心理压力、脑力负担等方面，其外在表现为驾驶疲劳和驾驶紧张。本书试验采用脑电波（EEG）来表征驾驶员的工作负荷和驾驶生（心）理状态，从而区分道路线形设计指标选用的区别。

脑电波采集能够反映驾驶员在驾驶过程中大脑皮层组织的活动状态，研究表明精神状态对脑电波影响显著。当道路条件变差时，驾驶员会受外部环境刺激而增加工作负荷并精神紧张，此时的脑电波会有较大的波动，从而造成潜在的风险。在试验中，脑电波可以通过采集 4 种主要的波段来计算得到，采集数据为 Alpha 波（α）、Beta 波（β）、Theta 波（θ）和 Delta 波（δ），其各自特征见表 3-4。

表 3-4 脑电波各波段特征

波段类型	频率/Hz	特征描述
α	8～12	此波段表示人处在自然放松状态，不做定向思维或激烈思考；当驾驶员逐渐进入紧张状态时，α 波值会减小
β	14～30	当大脑正在思考或受到一定量刺激时，大脑皮层表现出兴奋状态；当驾驶员逐渐进入紧张状态时，β 波值会显著增大
θ	4～8	人的精神处于深度松弛状态，注意力高度集中，灵感涌现，创造力空前高涨，但此状态容易导致人快速进入睡眠状态；当驾驶员逐渐进入紧张状态时，θ 波值会显著减小
δ	0.5～3	δ 波为低频率，高幅度；只有在深度睡眠时才会出现

由于采集的数据量过大，为了便于描述驾驶员紧张程度和工作负荷对其生（心）理的影响，定义脑电波 β 与比率 K 值作为参量来研究驾驶员的状态，计算公式如式（3.1）所示。

$$K=\frac{\beta}{\alpha+\theta} \tag{3.1}$$

脑电波 β 比率值越大，表明驾驶员越紧张；脑电波 β 比率值波动越大，表明驾驶员受道路环境影响越大，驾驶越困难。

将生成的数据导出成 .txt 文件格式（见图 3-13），再进行转换并利用 MATLAB 编程，见附录 B，实现数据和图形处理，具体分析如下。

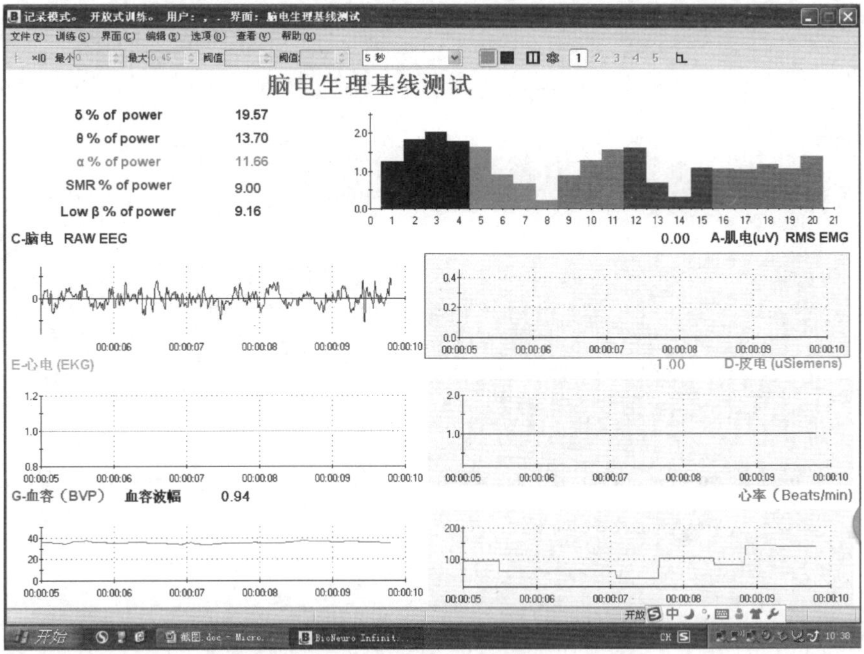

图 3-13 生心理反馈仪界面

一、平面线形组合仿真分析

在拟定的平面线形组合模型上进行驾驶模拟仿真，控制运行速度，分别以 20 km/h 和 40 km/h 的速度进行试验，脑电波 β 比率变化图的横坐标以秒为单位。以试验组模型 2 为例，S 形曲线前半段缓圆比为 0.67，后半段为 0.75；回旋参数比为 0.72；平均曲率变化率为 0.0045。仿真结果见图 3-14，可以发现运行速度为 40 km/h 时的脑电波 β 比率均值要略低于运行速度为 20 km/h 时的脑电波 β 比率均值，分别为 0.2956 和 0.2778。根据上述分析，脑电波 β 比率值越大反映驾驶员精神越紧张，说明驾驶员对车辆的操控处于不稳定状态，存在的安全风险越大。观察不同速度下的脑电波 β 比率，其波动范围为 0.1～0.5，有些突变的点，主要集中在开始的 1/3 段，此路段为直线段向曲线段过渡，即车辆刚进入第一个弯道，表明驾驶员生（心）理的反应较明显，这也符合人在感受到环境变化时因刺激而产生的身体的主动反应。此外，速度高的情况下，脑电波 β 比率波动幅度较大，也说明驾驶员在此状态下更为紧张。

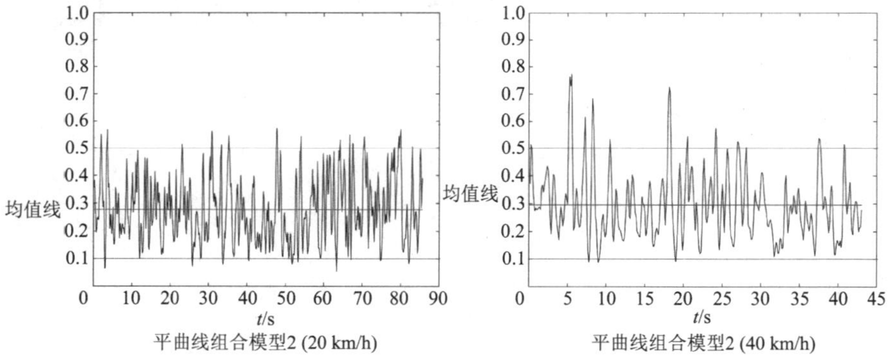

图 3-14 模型 2 的脑电波 β 比率变化图

以设计速度 60 km/h 对 6 组线形分别进行仿真并对比分析，结果见图 3-15。

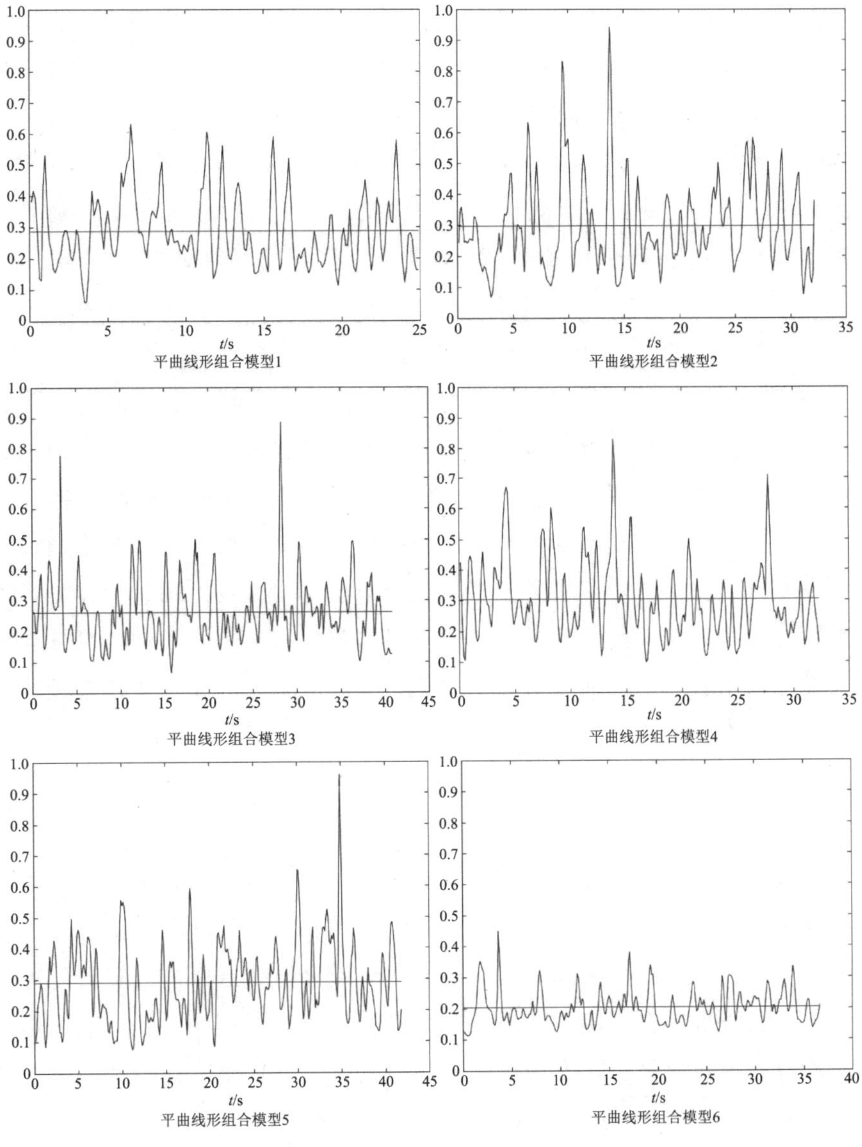

图 3-15　试验组模型脑电波 β 比率对比

参照表 3-2，模型 1～3 主要控制 S 形曲线前半段基本型线元，第一圆曲线半径取《规范》中的极限最小值，变化 S 形曲线后半段基本型线元组合，主要控制第二圆曲线半径值。对比图 3-15 中脑电波 β 比率变化曲线图，可以发现 3 种组合的优劣顺序为：模型 3＞模型 1＞模型 2。这说明选用较大圆曲线半径有利于驾驶员生（心）理平静，从而保证驾驶的安全性；同时对比模型 1 和 2 发现，模型 1 脑电波 β 比率的均值比模型 2 要略小，且模型 2 波动较大，说明平曲线组合模型 1 相比较模型 2 要好。模型 2 的第一缓圆比、第二缓圆比及回旋参数比均小于模型 1，其中缓圆比值接近参考值的下限值，说明缓圆比取值对驾驶员生（心）理变化有一定影响，即回旋曲线长度更接近于圆曲线长度，有利于驾驶员对车辆安全操作和达到心理期望。

对比模型 3～6，考虑脑电波 β 比率的均值和曲线波动状态，可以发现各线形组合优劣顺序为：模型 6＞模型 5＞模型 3＞模型 4。对照线形组合指标参量，模型 6 的平均曲率变化率相对较小，回旋参数比最大，通过分析可知模型 6 的线形组合平顺性相对较好，说明 S 形曲线设计应尽可能保证驾驶员首先接触到的前半段基本型线元的线形良好，因为在直线进入曲线段的开始处驾驶员易产生生（心）理波动，具体做法可考虑选用较大的圆曲线半径，取相对大的回旋参数比，或控制较小的曲率变化率。

二、平纵线形组合仿真分析

依据平曲线形组合驾驶模拟仿真结果，可以得出脑电波 β 比率的合理取值范围为［0.1，0.5］，因此通过仿真可以大致判断驾驶员在各路段的生（心）理波动状况，从而对照线形组合设计指标进行安全分析。

平纵线形组合选用山区公路路段进行仿真，对照图 3-8 平纵线形组合模型中的线形指标，发现驾驶员脑电波 β 比率集中出现了 3 次较大的波动值，如图 3-16 标注。前两次对应的道路线形均为小半径平曲线，半径分别为 100 m 和 90 m，对应的平曲线长度为 26.258 m 和 25.447 m，这部分道路线形具有较大的曲率和曲率变化率，线形连续性较差；第三次波动较大发生在线形的后半部分，此段平曲线半径和曲线长度均较大，可以认为平面线形对驾驶员生（心）理变化是有利的。但此处是连续的长大下坡，共有 6 段下坡段，里程约为 700 m，说明连续下坡段对驾驶员的生（心）理影响较大。

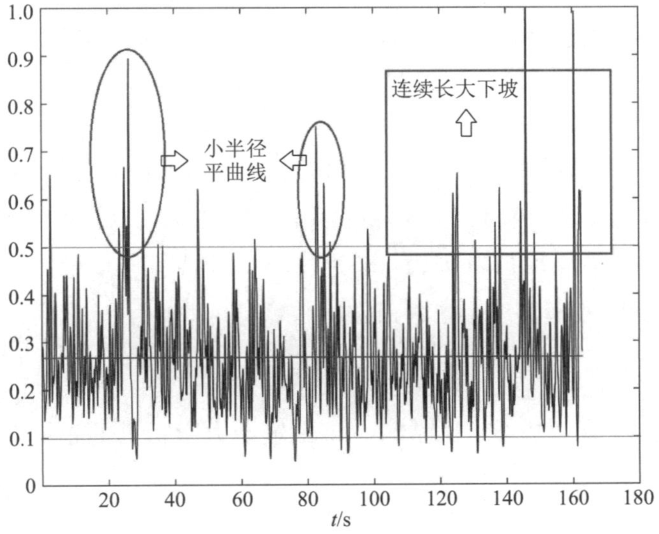

图 3-16 平纵组合模型脑电波 β 比率变化图

通过对驾驶模拟仿真结果与驾驶员生（心）理反馈信息的分析，本书认为道路线形指标选用对驾驶员感知前方道路形式和做出正确判断起主要作用。一般认为的交通事故致因中，人的失误导致的事故占交通事故总数 90%左右的观念显然需要重新斟酌和判断。

依据上述平面线形组合和平纵线形组合仿真，当脑电波 β 比率均值大于 0.3 时，驾驶员处于精神紧张状态，因为此时对应的路段线形条件较差，需要驾驶员谨慎驾驶，而驾驶员一直处于紧张状态很容易导致操作失误；当脑电波 β 比率均值大于 0.5 时，驾驶员处于高度紧张状态，此时驾驶员的驾驶经验和车辆的动力性能均对车辆行驶安全影响较大，在上述条件不佳的情况下，极易造成交通事故，此时路段多为极限设计路段，如小半径曲线段、长大下坡路段和视距不良路段等。

通过驾驶模拟仿真得到启示：在研究道路线形指标选用及安全评价

时，应考虑路对人的影响。以往的道路线形指标确定旨在满足车辆的力学平衡，虽然有时也会考虑人的驾乘感受，但研究人的因素相对模糊。因此，在道路线形设计指标优化和评价中应加入人的影响因素，本书定义驾驶员修正系数概念用于修正指标优化和安全评价，用 K_D 表示，表达式为

$$K_D=\frac{\text{脑电波}\beta\text{比率临界值}}{\text{脑电波}\beta\text{比率均值}} \tag{3.2}$$

对于一般驾驶水平及以上的驾驶员，K_D 取 1.0；对于事故高发路段或交通调查显示新手使用较多的路段，脑电波 β 比率均值取 0.3，脑电波 β 比率临界取值范围为（0.3，0.5），因此 K_D 取值范围为（1.0，1.67），具体视道路线形条件而定。

第四节　基于 ADAMS/Car 车辆动力学仿真的指标分析

为了继续研究道路线形对人—车—路系统中车辆动力性能输出的影响，本书基于 ADAMS/Car 车辆动力学仿真软件构建了车辆动力性能参数与道路线形之间的响应关系。ADAMS/Car 是 ADAMS 软件的车辆模块，通过采用控制道路设计指标的变量值，利用软件平台输出车辆的动力参数，如反映车辆稳定性能的参数值，进而分析车辆在各种道路线形组合中的安全性变化。由于车辆动力性能输出受道路线形设计指标的影响，因此 ADAMS/Car 车辆动力学仿真可以用来标定道路线形组合设计的安全状况，评价流程如图 3-17 所示。

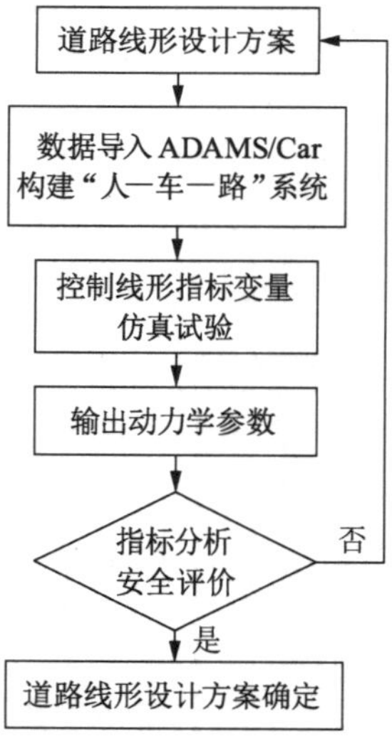

图 3-17　基于 ADAMS/Car 的道路设计指标评价流程

通过 Excel 中 VBA 的编程很容易实现 ADAMS/Car 道路模型数据文件的转化和录入（程序见附件 B），

ADAMS仿真平台中的道路模型构建步骤如图3-18所示。

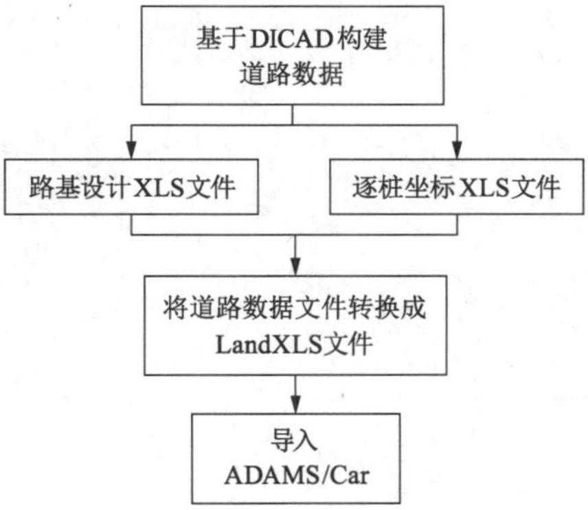

图3-18　ADAMS仿真平台中的道路模型构建步骤

经过编制的程序转换（即图3-9所示的文件转换器），将DICAD道路模型数据转换成ADAMS/Car中能够识别和读取的.xml道路模块文件格式（见图3-19）；驾驶员模型采用系统自带的开环仿真驾驶模型（见图3-20），设置好车辆及驾驶员信息，以标定的速度进行仿真试验。

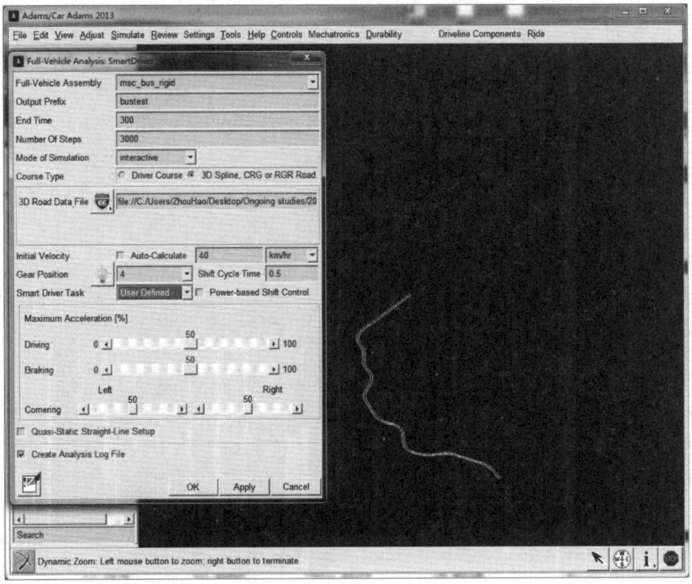

图3-19　道路模型在ADAMS/Car中实现

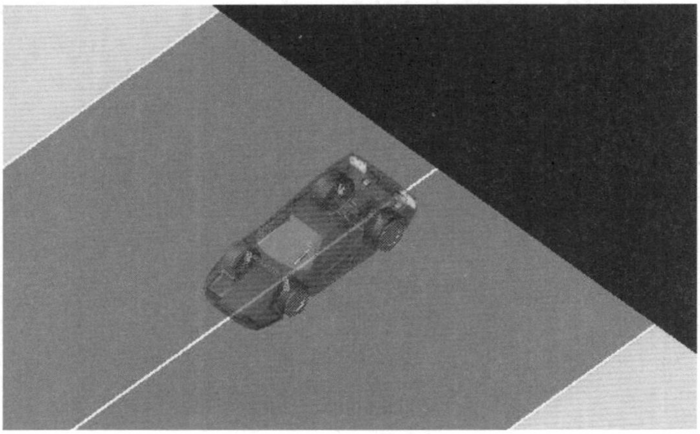

图 3-20 车辆沿行车道中线仿真试验

仿真试验采用控制道路线形指标变量对不同线形设计组合或全路段线形进行仿真分析，通过对比试验和分析，本书最终确定了 7 个较为敏感的车辆动力学指标作为道路线形指标分析的依据（见图 3-21）。经过反复试验和指标分析，确定了 7 个影响道路交通安全的动力学指标，并将其分为 3 个类别，分别进行多组试验。

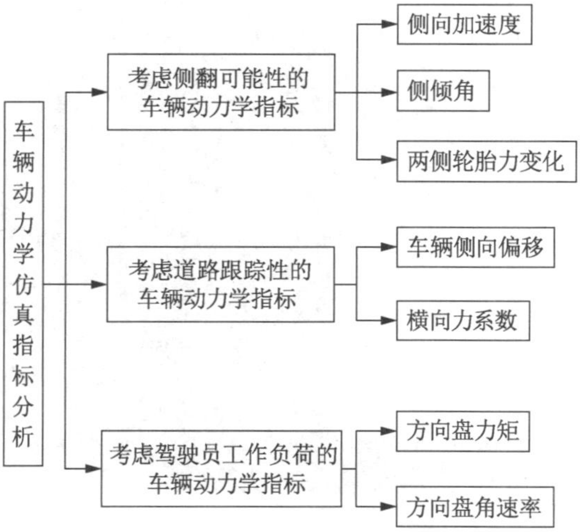

图 3-21 影响交通安全的动力学指标

仿真的道路平纵线形如图 3-22 所示，整段道路线形组合及设计指标不变，控制车辆运行速度。道路线形保持多样性，整段道路内部包含多个不同的指标组合，主要以山区小半径曲线叠加高差较大的连续变化的坡道为主。仿真目的在于发现车辆的动力学变化规律，找出路段线形设计的区别，从而检验线形指标的设计质量。

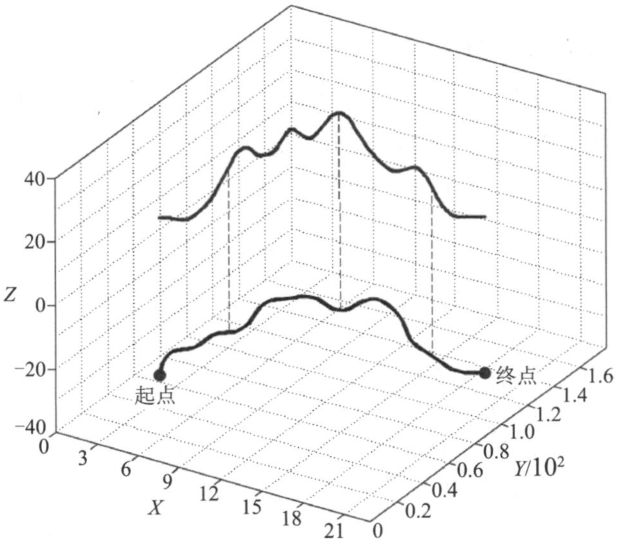

图 3-22 道路平纵线形空间对照

仿真路段全长 1740 m（桩号 K2＋60～K3＋800），为了使仿真车辆能够平稳接入仿真车道，在起始桩号前段加入 400 m 长直线段作为过渡段（见图 3-19 中 ADAMS/Car 的道路模型），仿真数据处理及分析如下。

一、表征侧翻可能性的车辆动力学指标分析

（1）侧向加速度

$$a=\frac{v^2}{R} \tag{3.3}$$

式中，a 表示侧向加速度，单位为 m/s^2。由式（3.3）可知，侧向加速度与车辆运行速度和曲线半径密切相关，是保证行车安全的重要指标之一，侧向加速度过大可能会造成车辆侧翻。根据经验值，轮胎与路面间的附着系数的最大值达 0.8，即车辆在侧向加速度达到 $0.8g$（即 $8\ m/s^2$）时发生侧滑。但实际运行中很多时候未达到侧滑临界车速，车辆就已发生侧翻。

图 3-23 中建立了刚性车辆在弯道上的受力分析图，根据车辆过弯时的实际瞬时受力情况，并考虑现实中车辆带悬架的柔性特征，其侧翻阈值比刚性车辆小 10%，而瞬态响应时小车、大车侧翻阈值分别是正常情况的 70% 和 50%，因此小车和大车的侧翻瞬间的临界侧向加速度为

$$a_{h\text{-car}}=\frac{0.63g\left(\dfrac{B}{2}+h_g i_h\right)}{h_g-\dfrac{B}{2}i_h};\quad a_{h\text{-truck}}=\frac{0.45g\left(\dfrac{B}{2}+h_g i_h\right)}{h_g-\dfrac{B}{2}i_h} \tag{3.4}$$

式中，B 表示车辆轮距，小车取 1.42 m，大车取 2.15 m；h_g 表示质心距离水平面的高度，小车取 0.6 m，大车取 1.5 m。若横坡坡度 $i=7\%$，则 $a_{h\text{-car}}=0.86g$，$a_{h\text{-truck}}=0.52g$。

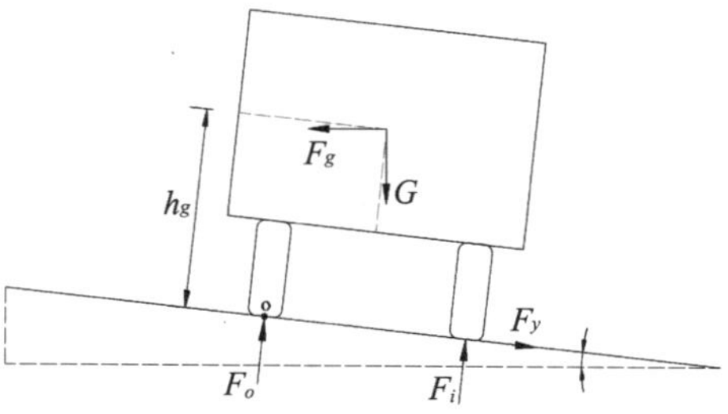

图 3-23　车辆过弯行驶受力分析图

对仿真路段进行试验，采用不同的运行速度进行仿真，其结果如图 3-24、图 3-25 和图 3-26 所示。

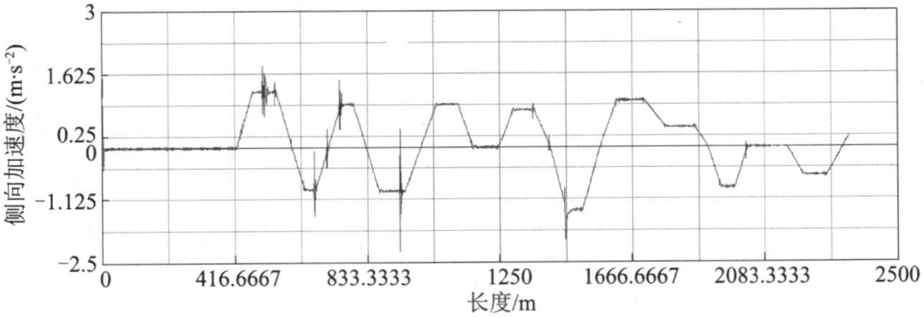

图 3-24 运行速度 40 km/h 时全路段侧向加速度曲线图

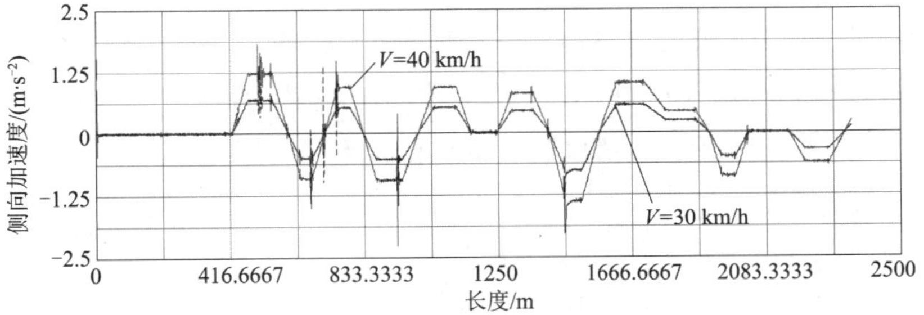

图 3-25 不同速度下全路段侧向加速度曲线图

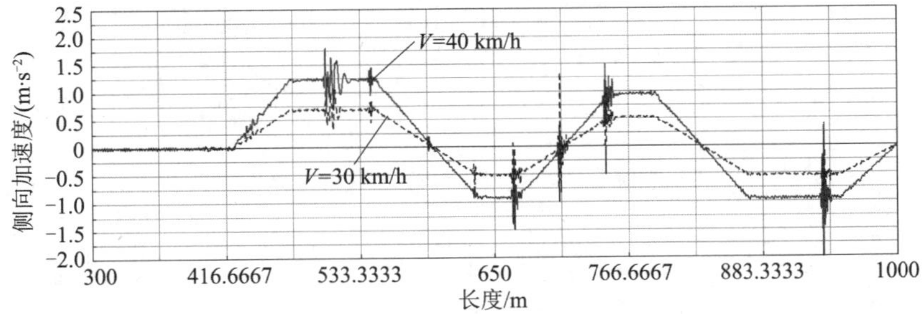

图 3-26 局部路段侧向加速度曲线图

分析仿真结果可知，一旦车辆进入曲线段后，侧向加速度就会持续增大直至圆曲线段达到峰值。在基本型线元组合中，从直线段到缓和曲线段，驾驶员对方向盘的操控相对连续和一致，侧向加速度变化均匀；但从缓和曲线段过渡进入圆曲线段时，由于道路线形曲率及曲率变化率由连续递增转为恒定值，这时就需要驾驶员转动方向盘不断调整方向，经验不足的司机可能会过度转动方向盘，出现震荡现象，见图 3-26 中圆曲线段侧向加速度震荡变化，尤其在圆曲线半径较小的组合段，如图中横坐标 480 m，950 m，1500 m 等处出现的曲线波动，其对应的圆曲线半径分别为 100 m 和 90 m，接近《规范》中的下限值。通过比较不同运行速度下的侧向加速度变化发现，速度越大，侧向加速度越大，越容易造成车辆侧翻，局部路段侧向加速度对比见图 3-26。

因此，为了降低车辆过弯时发生侧翻的可能性，在地形条件、周围环境允许的前提下，尽量避免使用《规范》中的半径下限值，应控制线形组合的曲率及曲率变化率值；同时侧向加速度减小也能提高乘客舒适度。经过反复试验标定，如图 3-27 和图 3-28 所示，图中 R 表示圆曲线半径，V 表示小车速度，建议侧向加速度取值见表 3-5。

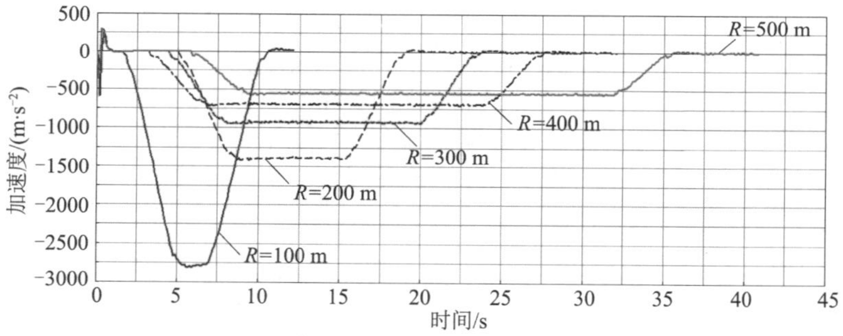

图 3-27 不同圆曲线半径时车辆过弯侧向加速度曲线图

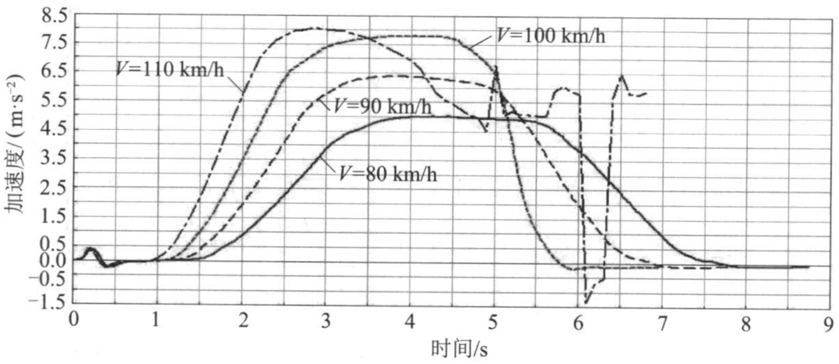

图 3-28 不同速度时车辆过弯侧向加速度曲线图

表 3-5 侧向加速度取值

侧向加速度/($m \cdot s^{-2}$)	线形特征
$a \leqslant 1.8$	平面线形组合自然、平顺，乘客乘坐舒适，对弯道变化感受不大
$1.8 < a \leqslant 3.6$	线形组合及乘坐感受较好，乘客能感受到弯道存在，过弯尚平稳
$3.6 < a \leqslant 5.0$	线形组合一般，乘客能明显感受弯道存在，乘坐舒适性较差，车辆低速稳定
$a > 5.0$	线形组合不良，行车不稳定，乘坐感受超出人体正常忍受能力

(2) 侧倾角

侧倾角表示车辆侧向倾斜的程度，通常在直线段上，2%的横坡能够产生 1.15°左右的侧倾角；在进入弯道超高的影响下，车辆会向内侧倾斜，这种倾斜有利于车辆的正常稳定，但车辆受到的离心力会减小（或抵消）这种倾斜趋势，车辆最终的倾斜程度因受向心力和离心力的共同作用而达到一个平衡值，不同半径下侧倾角的变化曲线如图 3-29 所示，图中 R 表示圆曲线半径。从图中可以发现，随着平曲线半径值增大，弯道上车辆侧倾角也逐渐增大，这说明车辆在平曲线上离心力抵消内倾的作用在减小，进而侧倾角在逐渐增大直至圆曲线上达到平衡，其变化趋势与线形的曲率趋势相一致。显然，在小半径曲线上车辆受到的离心力更大，使得车辆侧倾角减小，当倾斜角达到一定值时，车辆很可能会发生侧翻。

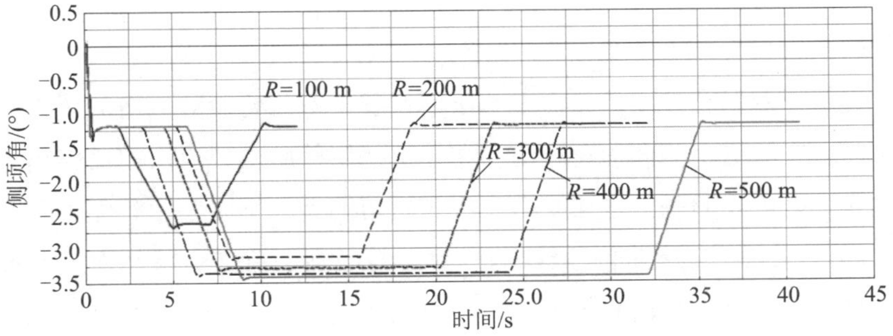

图 3-29 不同半径下侧倾角的变化曲线图

影响车辆侧倾角的线形指标有超高、圆曲线半径和缓圆比。经多次仿真试验分析可知，假设设计速度为 100 km/h，在 6%超高值的弯道上，侧倾角约为 2.6°时车辆出现危险情况；但仔细观察仿真动画会发现，车辆实际状况并不是发生侧翻，而是冲出行车道，这是因为实际运行车辆的侧滑是先于侧翻发生的。根据相关研究，95%的侧翻是由车辆失控后撞击障碍物导致的，只有极少数车辆会直接因线形指标苛刻而翻车。试验认为侧倾角为 3°～6°时车辆处于稳定状态，当侧倾角小于 3°时，车辆可能会出现侧滑甚至侧翻的风险。

图 3-30 是平纵组合路段的仿真结果，可以看出虽然仿真车辆跑完全程并没有发生侧翻，但在 1720 m 和 2080 m 弯道段侧倾角小于 3°，对照线形指标发现此路段是复曲线形组合，驾驶员操作负荷较重，此路段需要控制好车速和方向盘转向，否则车辆很容易发生侧滑冲出车道。

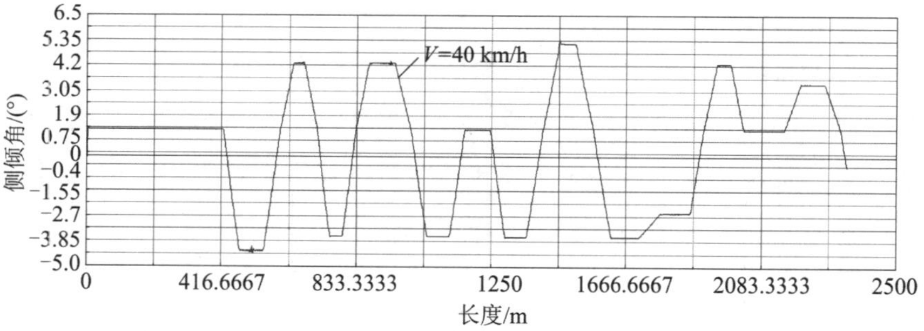

图 3-30 不同半径下侧倾角的变化曲线图

(3) 两侧轮胎力变化

在有一定组合坡度的路面上，车辆行驶中两侧轮胎对地面的压力不尽相同，在弯道上侧向加速度的存在导致两侧轮胎受到地面的反作用力不一样，外侧轮胎垂直地面受力比内侧轮胎要大（见图 3-31，左侧受力比右侧大，图中 R 表示圆曲线半径），车身受到的荷载力整体向外侧倾斜，当车辆受力不平衡时很可能发生车辆侧翻。

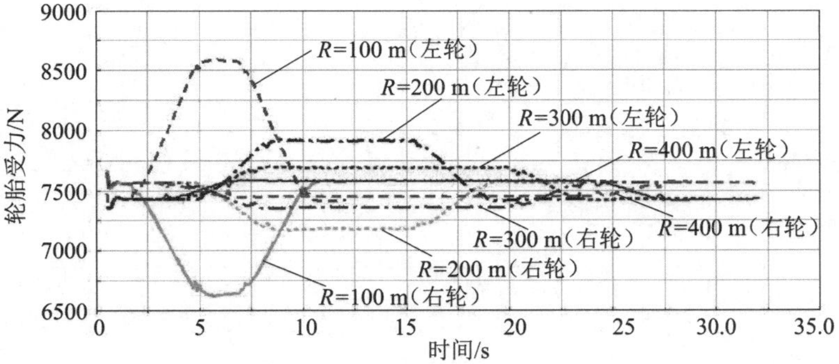

图 3-31 不同圆曲线半径两侧轮胎受力变化图

图 3-32 和图 3-33 是平纵组合线形路段的仿真结果，从图中可以明显看出，在所有曲线段左右轮胎的垂直力都不相等，但左右轮胎受力的变化趋势相一致，且差值的取值范围为 [0，1000]。为了衡量轮胎受力变化对车辆安全的影响，定义轮胎横向荷载偏移率表示两侧轮胎受力的变化情况，其表达式为

$$\zeta=\frac{|F_R-F_L|}{F_R+F_L} \tag{3.5}$$

式中，ζ 表示轮胎横向荷载偏移率；F_R 和 F_L 分别表示右侧和左侧轮胎垂直力。

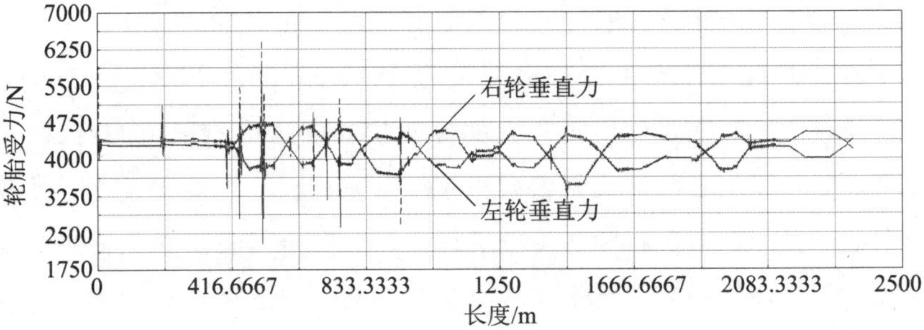

图 3-32 两侧轮胎垂直力比较（40 km/h）

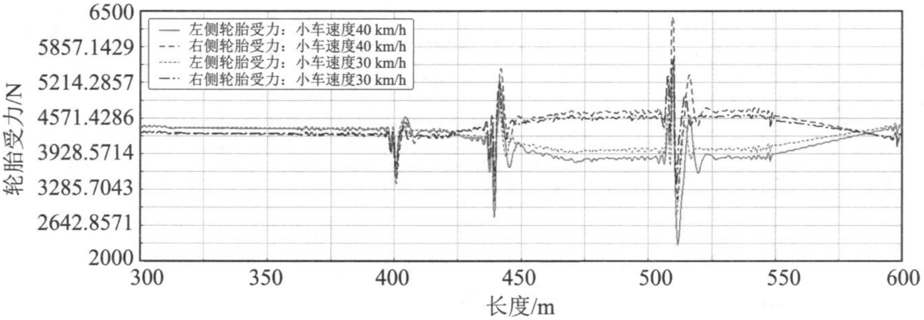

图 3-33　两侧轮胎垂直力局部变化比较

当车辆发生侧倾时，一侧轮胎将会脱离地面受力为零，此时轮胎横向荷载偏移率 $\zeta=1$，但实际运行中车辆不可能等到轮胎离开地面时才发生侧翻。通过反复试验，认为当 $\zeta=0.4$ 时，车辆已出现侧翻的危险，即当一侧轮胎垂直力是另一侧轮胎垂直力的 2.3 倍以上时，车辆容易发生侧翻。

二、表征道路跟踪性的车辆动力学指标分析

（1）车辆侧向偏移

车辆侧向偏移表示车辆轨迹跟踪行车道中线的精确性，体现道路线形设计对车辆行驶安全的引导作用。影响车辆侧向偏移的线形指标主要有曲线半径、缓和曲线长度、超高加宽值以及曲率变化率等。

如图 3-34 所示，仿真道路在弯道处的侧向位移值较大，在圆曲线上达到峰值，有些点处出现较大的侧向位移，属于不稳定的行驶状态，说明车辆可能出现侧滑或驾驶误操作。研究显示，车辆在过弯时驾驶员会主动选择“切弯”行驶的驾驶特征以保障安全驾驶，因此在小半径曲线段设置合理的超高加宽是非常必要的。在不同的运行速度下，车辆的侧向位移值相差不大，其变化规律相一致，如图 3-35 所示。

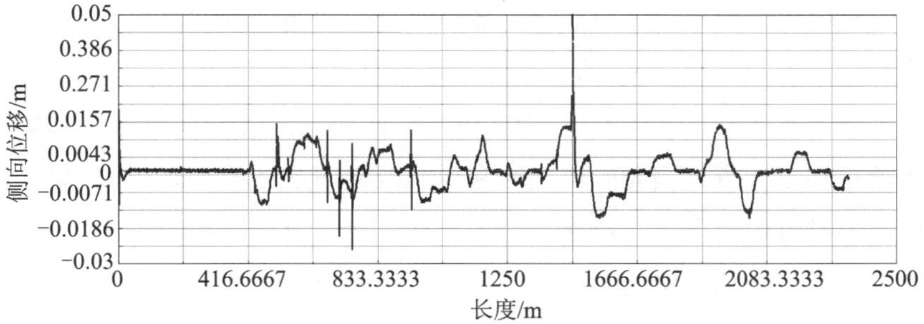

图 3-34 行驶速度为 40 km/h 的车辆侧向偏移曲线

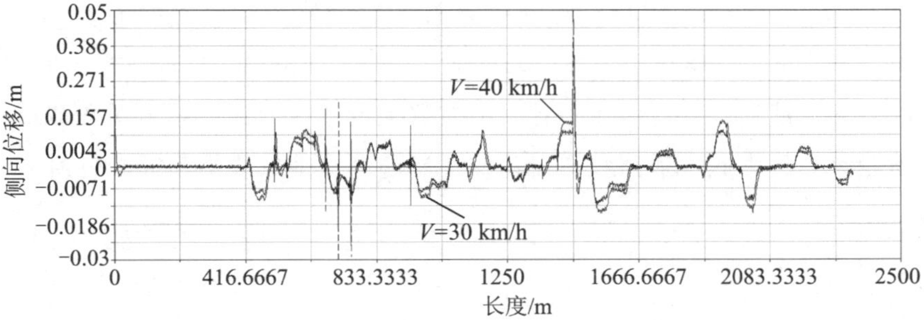

图 3-35 不同速度车辆侧向偏移曲线

(2) 横向力系数

横向力是能够反映车辆克服离心力作用保持横向稳定的力学特征，车辆横向受力与纵向受力（近似车辆重力）的比值为横向力系数，用于反映车辆在行驶中受到合力外力作用后的一种倾向，最直接的影响是车辆可能偏离行车中线或有侧滑倾覆的趋势。其在道路设计中用 μ 表示，表达式为

$$\mu=\frac{V^2}{127R}-i \tag{3.6}$$

在动力学仿真试验中，横向力系数可以定义为 μ_g，表达式为

$$\mu_g=\sum_{i=1}^{4}\frac{F_{\mathrm{H}i}}{F_{\mathrm{V}i}} \tag{3.7}$$

式中，$F_{\mathrm{H}i}$ 表示第 i 个车轮处的横向力；$F_{\mathrm{V}i}$ 表示第 i 个车轮处的垂直力。

横向力系数取值一般综合考虑行车安全和乘车舒适性，取值越小，乘车舒适性越好。按乘车舒适性可将横向力系数分为 A、B、C、D 四个等级，且按舒适性进行的横向力系数取值比安全行车横向力系数小。车辆在环形匝道行驶时，内、外侧轮胎的横向力系数存在较大差异，且横向力系数因受车型、车速、路面状况、行驶轨迹等多种因素影响而不同，我国《规范》中进行横向力系数取值时，主要考虑乘车舒适性，比较安全但过于保守。

图 3-36 和图 3-37 是仿真路段的横向力系数变化图，其正常值在 0.05 以下，参照《标准》中的横向力系数阈值，设计速度为 40 km/h 时取值小于 0.178。从仿真结果可知，车辆在跟踪道路行车中线的车辆动力学上能够较好地满足需求，但在驾驶舒适性上，横向力系数取值却不能太高。因此，道路线形设计应控制超高、平曲线半径等参数值。

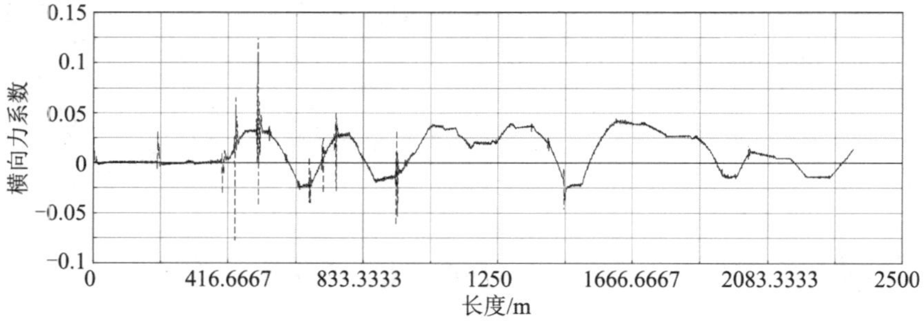

图 3-36 行车速度为 40 km/h 的横向力系数变化曲线

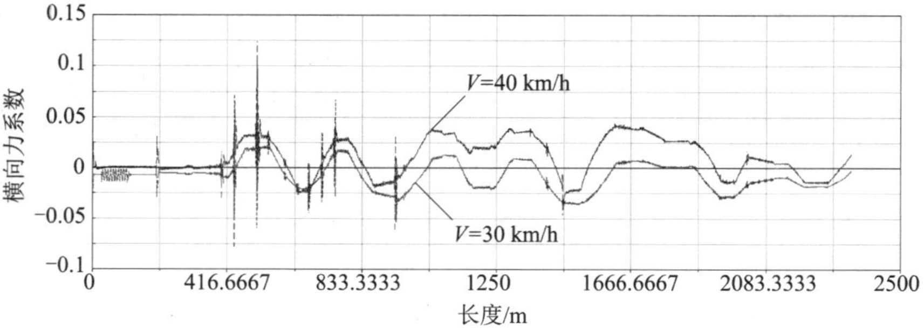

图 3-37 不同速度横向力系数变化曲线

三、表征驾驶员工作负荷的车辆动力学指标分析

（1）方向盘力矩

方向盘力矩是驾驶员转动方向盘以顺应道路方向转变而产生的力与到转轴的垂直距离（力臂）的乘积。方向盘力矩越大表示方向盘操作越困难，容易使驾驶员疲劳，造成驾驶失误。影响方向盘力矩的道路线形指标有平曲线半径、超高等。

研究显示，驾驶员在操作方向盘时会有偏好地转动方向盘产生力矩，随着车辆行驶速度增加，驾驶员会更频繁地转动方向盘，如图 3-38 所示，图中 V 表示小车速度。当加速度 $a=3\ \text{m/s}^2$ 时，方向盘力矩的偏好区间为［2.25，3.25］。

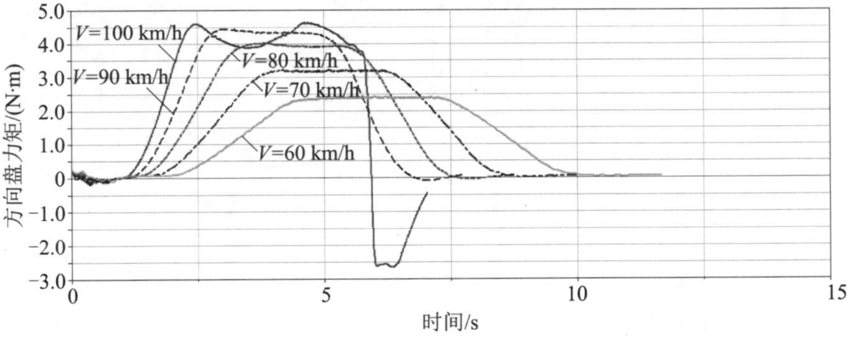

图 3-38 不同速度时的方向盘力矩变化曲线

过于频繁的驾驶操作与过度转动方向盘的体力消耗，会增加驾驶员的疲劳感和紧张感，一旦超出驾驶员的工作负荷，就容易造成交通事故。因此，设计中应控制过小的转弯半径以及避免过于频繁地转动方向盘。

仿真路段的方向盘力矩变化如图 3-39 和图 3-40 所示。在桩号 400～900 段，方向盘力矩波动较大，且出现过大的力矩值。对照设计图，可以判断这里是山区公路弯坡组合路段，在该路段行驶，驾驶员容易感到疲劳，新手驾驶员在此路段很容易发生交通事故。

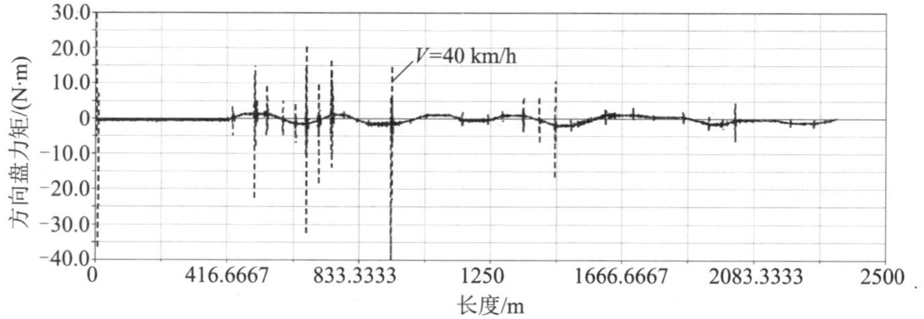

图 3-39 方向盘力矩变化曲线

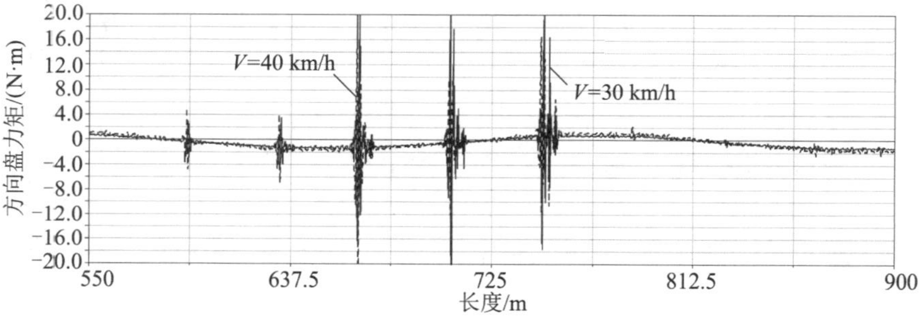

图 3-40 不同速度方向盘力矩局部变化曲线

(2) 方向盘角速率

方向盘角速率是表征驾驶员转动方向盘快慢的物理量，角速率值波动越密集、波动值越大，表示驾驶员对方向盘的操控越频繁、转动的幅度越大。本书使用峰值研究驾驶员的操作负担，方向盘角速率小，驾驶员过弯的操作负担小，其主要影响因素有平曲线半径、缓圆比等。

如图 3-41 和图 3-42 所示，路段仿真显示方向盘角速率的变化值在±120 deg/s之间，参考车辆稳定性相关研究，方向盘角速率的稳定阈值约为 57.3 deg/s，显然，在仿真路段的局部出现了车辆的不稳定因素，对照道路线形设计指标发现，小半径 S 形曲线段方向盘转动速率变化较快，容易出现波动线形。

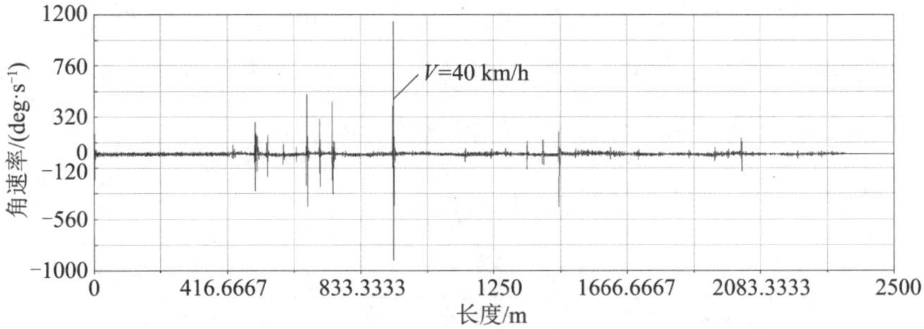

图 3-41 方向盘角速率变化曲线图

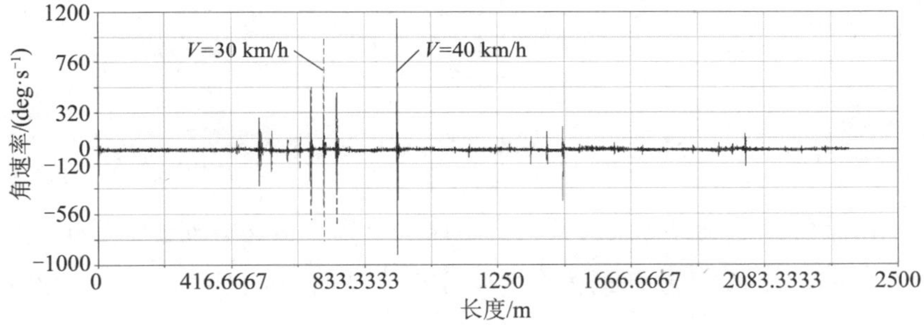

图 3-42 不同速度方向盘角速率变化曲线图

第五节 仿真试验总结

道路线形设计有一套完整的指标体系，这个体系的建立主要基于车辆行驶中力学稳定性的需求。随着设计理念的发展，对于人—车—路系统协同运行的要求越来越高。

本书仿真试验进一步明确了道路线形指标选用及组合对交通安全的影响，鉴于广义交通安全影响的人—车—路因素，本书进行了一个闭环分析，即从道路设计指标选用的角度分析了影响道路安全的线形敏感指标；从驾驶员的角度，利用 UC-win/Road 进行驾驶模拟仿真，使用驾驶员生（心）理反馈信息对道路线形指标进行分析；从车辆角度，利用车辆动力学软件 ADAMS 进行车辆仿真，建立车辆动力学参数与道路线形之间的关系，从而分析道路线形设计，如图 3-43 所示。

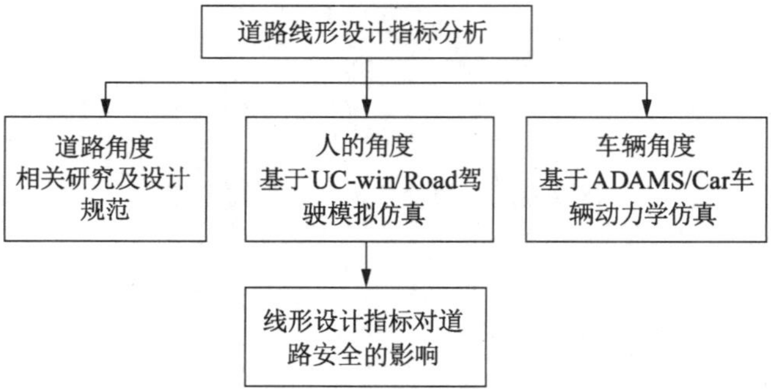

图 3-43　道路线形指标分析框架

两种仿真手段都能反映不同的道路线形组合对交通安全的影响，基于 UC-win/Road 驾驶模拟仿真主要分析了平曲线 S 形线形指标中的圆曲线半径、缓圆比、回旋参数比和曲率变化率对驾驶员的影响，对于平纵组合，驾驶模拟仿真进行了危险路段鉴别和简单的致因分析；基于 ADAMS/Car 车辆动力学仿真主要分析了 7 种动力学指标对道路线形指标的响应，线形指标包括平曲线半径、缓和曲线长度、超高等。

第六节　本章小结

本章基于第二章道路线形敏感性指标分析，对部分线形组合进行了驾驶模拟试验和车辆动力学仿真试验研究，用模拟与仿真手段对部分重要指标进行了分析，分别建立了不同线形指标组合对驾驶员生（心）理的影响以及对车辆动力性能的影响。其中，基于 UC-win/Road 驾驶模拟仿真试验主要采集驾驶员生（心）理反应数据中的脑电波进行分析，标定了6种平面线形组合与一段平纵线形组合的脑电波β比率，确定了较优的设计方案，并提出了驾驶员修正系数K_D用于修正指标优化和安全评价；基于ADAMS/Car车辆动力学仿真重点分析了7种敏感动力学指标，建立了车辆与道路线形之间的响应关系。

本章主要目的在于发现人—车—路系统之间相互影响的关系和作用机理，确定道路线形敏感指标，为接下来的指标优化和安全评价研究增加道路线形自身因素以外的人—车因素。

04

第　四　章

基于可靠度理论的道路线形设计

本书第二、三章对道路线形设计指标的控制及选用进行了系统的分析和总结，并运用仿真手段分析了指标选用人—车—路系统响应对道路安全的影响。可以肯定的是，传统的道路线形设计采用的是确定性设计理论，即确定道路等级及设计速度后，设计者可依据《标准》或《规范》中的技术指标控制范畴选取相应的指标值进行道路线形设计，通常满足《规范》要求的设计即被认为是合理的设计。然而在交通运营中却发现，很多看似并未违反相关强制规定的设计路段出现了事故高发状况，如公安部公布的十大危险路段中的厦蓉高速“魔鬼路段”——漳州段，以及青银高速薛公岭路段等多个路段死亡人数超百人。

为了评价线形一致性，运行速度概念被用来评价速度差异较大的相邻路段，如急弯、长大纵坡或视距不良等受限路段，采用运行速度进行验算。其主要思想是考虑公路上绝大多数驾驶员的心理期望和需求，用真实的车辆运行状态评价行车安全，从而有效地保证路线所有相关要素（如视距、超高、纵坡、竖曲线半径等指标）与设计速度的合理搭配，获得连续、一致的均衡设计。

随着安全设计要求的提高，有必要重新审视道路线形设计中各类指标参数的合理选用。在传统道路设计中，确定性指标值的使用具有随意性，主要依据设计者的知识储备与工程经验，选用的参数指标可能是安全可靠的，但这些指标值可能偏于保守，使用时带来经济上的浪费；如果选用较为“激进”的指标值，那么可能存在未知的安全风险。这些都说明我国《规范》对设计指标的界定和使用约束还不完善，具体的参数使用还需要量化研究。

为了解决确定性设计中指标选用存在的任意性和不连续的问题，本章提出一种基于概率设计的方法计算道路线形设计指标选用，并结合平、纵、横线形中的 3 个重要指标，即最小直线长度、准临界纵坡坡长和弯道加宽问题进行分析，论述可靠度方法在线形指标选用上的应用。

第一节 可靠度在交通工程中的应用概述

1985 年，Ben-Akiva 等在研究道路线形设计时，首次提出使用概率的设计方法。随后，更多的研究者认识到交通研究中也存在诸多设计变量及组合问题，因此可靠度理论及数学方法逐步被引用到交通领域。可靠度理论的引入能够从概率的角度评价交通设计的可靠性及交通运营的安全度，如利用可靠度理论分析交通信号灯配时，使用可靠度方法评价交叉口视距设计等。在交通网络分析中，可靠度理论及模型也被认为是一种有效优化和解决道路系统组合的可靠性问题的途径。此外，为了保证足够的水平视距，有学者利用可靠度数学方法研究了道路横向净空；或使用可靠度方法计算停车最小视距、竖曲线最小长度和平曲线最小半径；或研究停车视距，采用可靠度数学模型建立极限状态函数来分析事故率与有效视距之间的关系；或利用可靠度理论研究行人过街最小绿灯间隔时间，从概率角度保障行人过街的安全性；或利用可靠度方法设计道路平曲线，推行用概率统计的设计理念代替以往确定性设计理论的新思想。

我国可靠度相关研究起步较晚，在交通领域的研究始于 20 世纪 80 年代，早期主要用于交通路网服务水平评价、交通出行需求分析、交通信号灯配时控制等模型的构建和分析；在道路边坡、道路线形优化等方面，可靠度方法也有一定的应用。

对于道路线形设计来说，现有的几何设计规范提供了一种确定性设计方法，即参照规范选取确定的参数值，这种方法忽视了道路线形设计中对不确定性参数变量的选用，是一种不连续的设计方法。近几年，道路线形设计中已开始使用可靠度的方法，如基于可靠度方法研究公路平曲线参数设计；基于可靠度理论计算高速公路行车道数量；以及在道路线形设计中，引入可靠度设计理念对其进行优化与分析。确定性设计到概率性设计流程如图 4-1 所示，左侧是传统的确定性设计方法，右侧是引入可靠度设计理念的新方法。

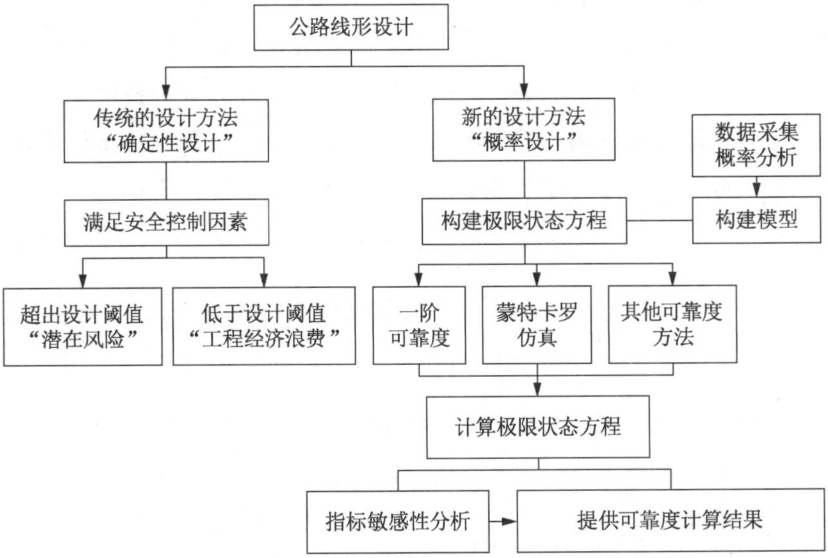

图 4-1 确定性到概率性设计流程

在可靠度理论的早期研究中，可靠度的概念是与使用时间、环境条件联系在一起的。20 世纪 60 年代，可靠度常用的定义为：在规定的时间内，在规定条件下，可靠度表现为一个物品能够实现需要的功能。随后研究给出更为普遍的可靠度定义：在规定的时间内，在给定的环境与运营条件的约束下，一件物品实现所需要功能的能力。可靠度理论在道路线形设计中的应用，其定义应该被描述为道路设计在各参数变量组合后的一种安全度。

目前，可靠度理论在交通领域的应用还处于探索阶段，研究深度还不够，用于可靠度计算的模型主要基于经验主义，数据采集及统计分析也存在局限性。交通事故的发生是一个概率事件，存在突发性、偶然性以及必然性（小概率事件）。在一条道路上，事故形式及位置分布不均匀，在局部地区呈集中表现（事故黑点），因此事故的特征表明道路线形设计对交通安全有显著影响。研究认为，可靠度是一个概率问题，从时间和空间上来看，没有绝对的可靠，随着约束条件的改变，其控制变量也会影响可靠度的数值，因此可靠与失效可以用统计学计算来标定。但可靠度的应用需要考虑以下几个方面：首先，研究问题是一个概率问题，能用概率计算方法解决；其次，所研究的问题具有统计学意义，其统计量应服从概率分布；再其次，服从的概率分布应具有数学解集；最后，基于可靠度理论的数学方法计算精度能够满足工程需要。

第二节　可靠度理论

在结构工程领域，可靠度概念被定义为在规定的时间及规定的条件下完成预定功能的能力。在道路线形设计领域中，可靠度定义应该被理解为：道路线形设计在各指标变量选用及其组合后的一种安全度（安全水平）。

一、极限状态设计

在道路线形设计中，工程师基于安全保守的理念为线形设计变量计算了极限值。通常将《标准》和《规范》作为最基本的设计参考，即为不能逾越的指标红线。随着时间推移与交通状态改变，现有的标准已不能完全保障交通安全。本章将极限状态设计理念引入道路线形设计中，这种设计方法首先被使用在结构和岩土工程中。一般而言，有两种极限状态形式：第一种是最大承载能力极限状态，即系统功能失效或不能遵从设计规定；第二种是正常使用极限状态，在这种状态下，系统功能是受损的。

在结构工程中，系统失效意味着因倒塌或破坏性的变形，结构的整体或局部已经崩溃或不能再正常使用；在道路线形设计中，系统失效的概念会更加复杂，因为交通事故更具有随机性和不可预测性。在道路设计中，“驾驶员/车辆”系统的实际需求值可能超出了其供给值，如停车视距、最大坡长，但运营后“超标”设计的路段并不一定会发生交通事故；相反，供给值很富余的路段也可能发生交通事故。为此，引入极限状态设计来标定道路设计安全度，用来表示极限状态的功能函数（见图 4-2）。一般的极限状态数学模型为

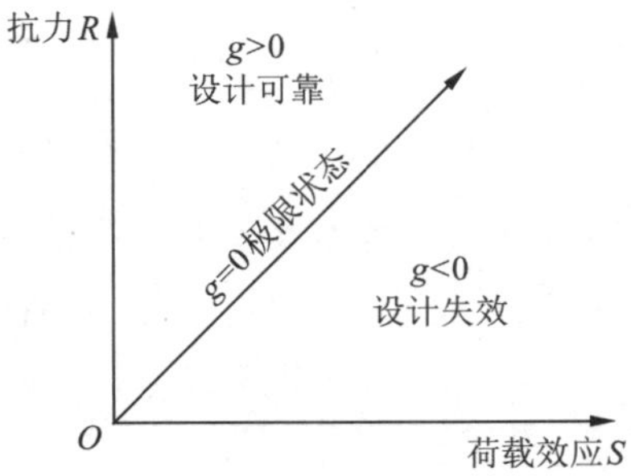

图 4-2 极限状态设计

$$g(x_1, x_2, \cdots, x_i) = g(S, D) = S - D \tag{4.1}$$

式中，$g=0$ 表示失效面，当 $g<0$ 时，失效发生；x_i 表示供给或需求的变量，S 和 D 分别表示供给函数（Supply）和需求函数（Demand）。

道路线形设计中的极限状态可以从两个方面理解：一是驾驶员/车辆系统对道路设计指标参数的需求与道路设计本身能够提供的供给之间的平衡分界线；二是当供给不能满足需求或大于需求时，设计的公路路段被认为不能遵从设计规定（设计失效）或能够满足安全要求（设计可靠）。

二、安全性度量

结构工程在发展极限状态设计方法之前，通常使用一个安全系数来保障结构在某一时段内的绝对安全。随着极限状态设计理念的发展，这种设计理念被用于设计方程中的安全系数，即基于所有的供给与需求变量以确定设计参数值的安全。在道路线形设计方程中，尚无明确量化的安全系数，取而代之的是将比较保守的参数值作为变量值，例如运行速度设计是一个保守的经验值，其安全水平无法准确描述。

最简单的安全度量是中心安全系数法，即使用平均需求量 $\overline{D}$ 和平均供给量 $\overline{S}$ 求解。

$$\mathrm{SF}_{\text{central}}=\frac{\overline{S}}{\overline{D}} \tag{4.2}$$

一个更为常用的安全度量方法是使用常因子安全系数法，即在平均需求上增加其标准差的 k 倍常系数；在平均供给上减少其标准差的 k 倍常系数。通过使用式（4.3）所示的方程，设计者能够提供一个不确定的安全水平以达到保守设计的目的。

$$\mathrm{SF}_{\text{conventional}}=\frac{\overline{S}-k\sigma_S}{\overline{D}-k\sigma_D} \tag{4.3}$$

显然，这两种方法可以改善工程的安全设计，使工程的安全性在一定程度上得到提高，但结构的供需是否达到了安全的平衡还无法明确说明。可靠度理论基于极限状态设计思想，能够量化供需之间的平衡关系，用概率的指标度量系统的安全水平，如图 4-3 所示。

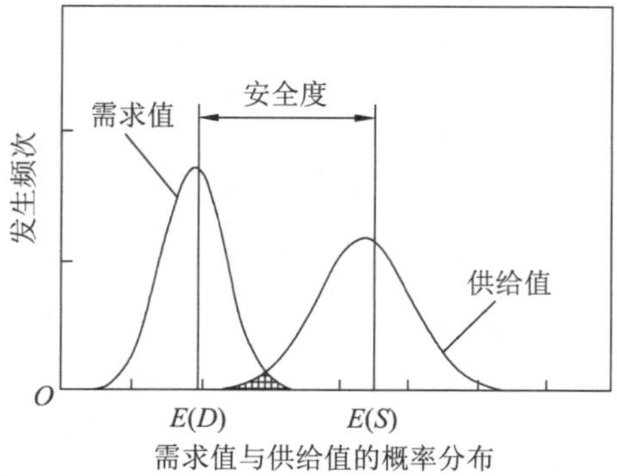

图 4-3　安全边际

因此，引入可靠度理论有助于解决这种不确定性，量化变量，其安全系数被称作可靠性指标，用 β 表示。

安全边际（safety margin，也称安全度）表征期望的平均需求值与供给值之间的差值；可靠度指标 β 被定义为安全边际 M 与其联合方差之间的比值。

$$M=E(S)-E(D) \tag{4.4}$$

$$\beta=\frac{E(S)-E(D)}{\sqrt{\mathrm{Var}(S)+\mathrm{Var}(D)}} \tag{4.5}$$

式中，$E(S)$ 表示供给值的期望；$E(D)$ 表示需求值的期望；M 表示安全边际；β 表示可靠度指标；$\mathrm{Var}(S)$ 表示供给值的方差；$\mathrm{Var}(D)$ 表示需求值的方差。

从式（4.4）和式（4.5）中得知，只要求得功能函数的方差和均值（期望），即可计算可靠度指标。但变量参数不止一个，功能函数的分布函数也不能确定，即使能确定其概率分布，其期望和方差也不容易求得。因此，系统的安全度需要通过可靠度的数学方法近似求得。

三、可靠度数学模型

构建极限状态方程，如：

$$g(x_1, x_2, \cdots, x_i, \cdots, x_n) = 0 \tag{4.6}$$

式中，g 表示失效面，当 $g<0$ 时，失效发生；x_i表示供给或需求变量。

系统的安全水平能够通过系统的失效概率计算得到假定，失效概率为

$$P_{\mathrm{f}} = P(g < 0) = \int \cdots \int f_x(x_1, x_2, \cdots, x_n) \mathrm{d}x_1 \mathrm{d}x_2 \cdots \mathrm{d}x_n \tag{4.7}$$

式中，P_{f} 表示系统失效概率；$f_x(x_1, x_2, \cdots, x_n)$ 表示 $x_1, x_2, \cdots, x_n$ 的联合概率分布函数。

如果用供给函数 S 和需求函数 D 来表示极限状态的功能函数，那么其表达式为

$$g(S, D) = S - D \tag{4.8}$$

当 $S-D<0$ 时，表示系统失效，其失效概率被定义为

$$P_{\mathrm{f}} = P(S < D) = \iint_{S<D} f_S(s) f_D(d) \mathrm{d}S \mathrm{d}D \tag{4.9}$$

式中，$f_S(s)$和$f_D(d)$分别表示供给函数和需求函数的概率密度函数。

失效概率计算求解并不容易，因为不清楚所有变量的概率分布状况，即使可以构建变量的联合概率分布函数，其联合概率分布函数也不容易求解。但变量的一些参数信息是可以通过统计计算得到的，在一定置信区间内，可以得到样本的均值和方差。求解失效概率的另一个难点是许多极限状态式是非线性方程，无法求得方程的精确结果。

道路线形设计中存在指标组合优化问题，其路段对应的事故率具有

统计意义，可能服从某一概率分布，这样一个系统通常受很多变量的控制，主要包括公路的线形特征和驾驶员对车辆性能的需求，这些变量是不确定的、随机的，可以通过统计或调查来描述。

假如供给函数与需求函数都服从正态分布，且变量之间相互独立，其可靠度指标如图 4-4 所示，图中显示失效概率 P_f 可以通过计算功能函数 $G<0$ 求得，然而，通常功能函数 G 涉及很多随机变量，其计算需要求联合概率密度函数（joint probability density function，JPDF）和其失效边际 $G<0$。这种精确的计算方法很少会被使用，因为联合概率密度函数通常是未知的或人工无法求解的。作为一个选择方案，近似的计算方法已经被发展来估算失效概率，比较常用的方法有一阶可靠度法（first-order reliability method，FORM）和二阶可靠度法（second-order reliability method，SORM）。

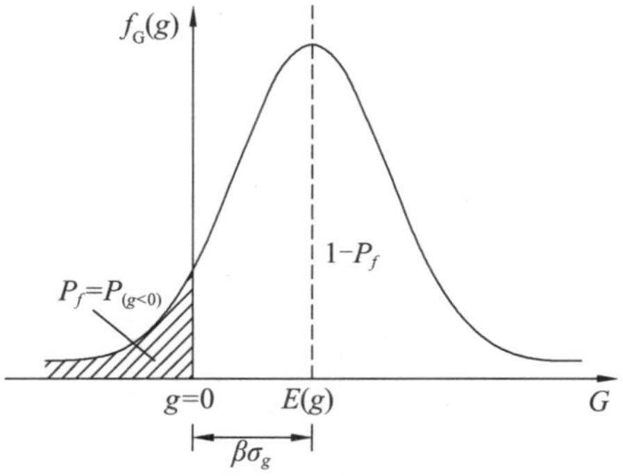

图 4-4　可靠度与失效概率的关系（正态分布函数）

四、失效概率的数值理解

对于一个多变量的组合设计，不存在绝对安全的概念，当组件中任何一个参数失效或超出极限临界面时，失效随时有可能发生。但在道路线形设计中，超出设计标准并不意味着一定会立刻发生事故；超出临界状态可以理解为发生事故的概率变大，可能呈非线性倍数增大。但“驾驶员/车辆”系统存在灵活性，即有可能避免危险。如停车视距不足的路段，如果驾驶员选择较低的行驶速度和以谨慎的驾驶状态通过，那么车辆可控性强，可避免事故发生。

一个重要的问题是如何选择一个合适的百分位（如运行速度 V_{85} 设计理念），使得道路设计在满足较高安全水平的同时取得较好的效益成本比。为此，假设极限状态方程服从标准正态分布且变量相互独立，给出了可靠度指标 β 与失效概率 P_f（见表 4-1）。

表 4-1 可靠度指标与失效概率之间的数值关系

可靠度指标 β	成功概率 P_S	失效概率 P_f	失败比例（失败个数 / 总个数）
0	0.5	0.5	1/2
0.5	0.6914624613	0.3085375387	1/3
1.0	0.8413447461	0.1586552539	1/6
1.5	0.9331927987	0.0668072013	1/15
2.0	0.9772498681	0.0227501319	1/44
2.5	0.9937903347	0.0062096653	1/61
3.0	0.9986501020	0.0013498980	1/741
3.5	0.9997673709	0.0002326291	1/4299
4.0	0.9999683288	0.0000316712	1/31574
4.5	0.9999966023	0.0000033977	1/294319
5.0	0.9999997133	0.0000002867	1/3488556

第三节 随机变量的概率分布

在概率空间中，随机变量是与实验事件相关的可测量值。因此，在随机试验环境下，随机向量是一个可测量的序列，可以通过分析概率分布的基本特征来判断随机变量的规律，在使用可靠度之前应该先判断研究对象的随机表现，即随机事件。一条道路可以理解为在空间中的一条几何线形，即道路构成的平、纵、横参数变量的空间组合。但现阶段的道路设计还主要依靠设计者的经验以及规范的约束，是一种确定性设计理念。

一、随机变量

一个随机变量 X 在区间 $-\infty < x < +\infty$ 内表现为不同的 x 值，假定随机变量用大写字母表示，其特征值用小写字母表示。随机变量有两种类型：离散型和连续型。如果随机变量被允许用离散值 $x_1, x_2, x_3 \cdots, x_n$ 表示，那么称其为离散型随机变量；反之，如果随机变量在一个特定的范围内被允许用任意实数表示，那么称其为连续型随机变量。

二、概率分布函数

通过大量的观察和数据记录，能够通过频率图或直方图来描述随机变量的分布情况，然后划分区间进行近似构造就可以抽象出随机变量的区间概率密度分布，这需要大量的观测样本作为数据支撑，其构造的直方图空间走势即为概率密度，其公式如下：

$$P_i = f_X(x_i) S_i \tag{4.10}$$

式中，P_i 表示概率值；$f_X(x_i)$ 表示概率密度；S_i 表示区间大小。

可能存在随机变量在无限区间$(-\infty, x]$上均有对应的参数值，即有一个连续的曲线表示随机变量的分布状况，此时需要用累积分布函数(cumulative distribution function，CDF) $F_X(x)$来表示连续的随机变量 X，其表达式为

$$F_X(x) = \int_{-\infty}^{x} f_X(s) \mathrm{d}s \tag{4.11}$$

如果 X 是离散型随机变量，那么累积分布函数在x_i点处的分布函数可表示为

$$F_X(x) = \sum_{x_i \leqslant x} P_X(x_i) \tag{4.12}$$

累积分布函数是一个关于变量 x_i 的递增函数，其取值范围为[0,1]。

在评价道路线形设计中的可靠度问题时，可以用几个常用的标准概率分布类型来构建设计参数或随机变量。分布函数的选择是获取道路设计系统特征不可缺少的部分。随机变量分布类型的选择需要依据以下几个原则：

（1）解决的问题是自然科学问题；

（2）基本假设与概率分布有关；

（3）在处理数据后，累积概率分布函数 $F_X(x)$[或概率密度函数 $f_X(x)$]与随机变量 x 之间的关系曲线能够用数学式来表示；

（4）根据分布函数能够方便简单地计算出结果。

在实际问题中，直接确定某一随机变量的分布往往不容易。随机变量分布函数的选择与计算被认为是统计计算公差，通常用随机变量的数字特征来表示，如平均值（又称矩，moment）和方差等。平均值和方差可以通过泰勒级数近似或蒙特卡罗仿真等方法求得。

常用的统计分布有二项分布、均匀分布、泊松分布、正态分布、指数分布、韦布尔分布、对数正态分布、混合分布等。其中，正态分布、泊松分布、指数分布是交通领域最常用的分布。例如，泊松分布在交通可靠度理论中扮演重要角色，它是描述随机事件发生概率分布的一种数学模型，因此泊松分布常用于估计交通事故发生的概率和次数。在实际问题中，因为存在多个参数变量，所以经常需要用到混合随机分布函数。

比较理想的状态是系统中各参数变量是相互独立的，并能够很容易找到变量的分布及分布函数，如正态分布或泊松分布，这种情况很容易求解；但随机变量有时候很难确定其分布特征及规律，通常需要假设变量服从某一种分布类型，然后使用非参数估计去确认其分布，并通过使用累积函数方程去求解其分布函数。

第四节 可靠度分析及计算方法

如图 4-2 所示，用可靠度分析道路线形设计中参数指标失效的概率，就是通过判断极限状态方程是否超出平衡，即当 $g>0$ 时，设计可靠，当$g<0$ 时，设计失效。假设设计指标为相互独立且服从正态分布的变量，则极限状态方程 $g(\cdot)$和失效概率 P_f 可以被表示为

$$g(X)=S(X)-D(X) \tag{4.13}$$

$$P_f=P[g(\cdot)<0] \tag{4.14}$$

式中，S 表示规范中提供的供给值；D 表示驾驶员—车辆系统的实际需求值；$S(X)$和 $D(X)$表示随机变量 X 的函数；$g(\cdot)<0$ 表示失效区域，同理，$g(\cdot)=0$ 和 $g(\cdot)>0$ 分别表示失效临界面和安全区域。

通过均值和方差的基本定义可以得到极限状态方程 $g(\cdot)$的均值和标准差。极限状态方程的均值为

$$\mu_g=\mu_S-\mu_D \tag{4.15}$$

式中，μ_S 和 μ_D 分别为供给值和需求值的均值。极限状态方程的标准差为

$$\sigma_g=\sqrt{\sigma_S^2+\sigma_D^2-2\rho_{S,D}\sigma_S\sigma_D} \tag{4.16}$$

式中，σ_S 和 σ_D 分别为供给值和需求值的标准差；$\rho_{S,D}$ 表示供给和需求之间的相关系数。

安全指标（或可靠度指标）β 被定义为

$$\beta=\frac{\mu_g}{\sigma_g}=\frac{\mu_S-\mu_D}{\sqrt{\sigma_S^2+\sigma_D^2-2\rho_{S,D}\sigma_S\sigma_D}} \tag{4.17}$$

因为变量之间相互独立，即 $\rho_{S,D}=0$，所以可靠度指标可以写成

$$\beta=\frac{\mu_g}{\sigma_g}=\frac{\mu_S-\mu_D}{\sqrt{\sigma_S^2+\sigma_D^2}} \tag{4.18}$$

可靠度指标揭示了极限状态方程临界面到安全边际均值的距离，

图 4-4显示了安全指标在一维状态下的几何表述，安全指标的深层含义是从极限状态方程平均值 μ_g 到极限状态临界面 $g(\cdot)=0$ 之间距离的可靠性度量，用 $\beta\sigma_g$ 表示。这个距离的求解以单位不确定参数 σ_g 为基准，图 4-4 中阴影区域的面积表示失效概率 P_f。

对于上述特殊案例，假设需求函数 $D(X)$和供给函数 $S(X)$都服从正态分布，并且随机变量之间相互独立。由于极限状态函数 $g(\cdot)$是需求函数 $D(X)$和供给函数 $S(X)$的线性方程，所有极限状态函数也服从正态分布。因此，极限状态函数的概率密度函数可以写成

$$f_G(g)=\frac{1}{\sigma_g\sqrt{2\pi}}\exp\left[-\frac{1}{2}\left(\frac{g-\mu_g}{\sigma_g}\right)^2\right] \tag{4.19}$$

失效概率可以写成

$$P_f=\int_{-\infty}^{0} f_G(g)\mathrm{d}g \tag{4.20}$$

当极限状态方程满足 $g(\cdot)=0$，即达到极限方程临界状态时，失效概率的计算过程如下：

$$\begin{aligned}P_f&=\int_{-\infty}^{0}\frac{1}{\sigma_g\sqrt{2\pi}}\exp\left[-\frac{1}{2}\left(\frac{g-\mu_g}{\sigma_g}\right)^2\right]\mathrm{d}g\\&=\int_{-\infty}^{0}\frac{1}{\sigma_g\sqrt{2\pi}}\exp\left(-\frac{1}{2}\beta^2\right)\mathrm{d}g\\&=1-\Phi(\beta)\\&=\Phi(-\beta)\end{aligned} \tag{4.21}$$

式中，$\Phi(\cdot)$是标准正态累积分布函数（standard normal cumulative distribution function），其值可以通过查标准正态分布函数表得到。

对于多维极限状态方程（功能函数包含多个随机变量）$g(X)$，一般的方程表达式为

$$P_f=P[g(X)\leqslant 0]=\int\cdots\int_{g(X)\leqslant 0} f_X(x_1,x_2,\cdots,x_n)\mathrm{d}x_1\mathrm{d}x_2\cdots\mathrm{d}x_n \tag{4.22}$$

式中，$f_X(x_1,x_2,\cdots,x_n)$是其联合概率密度函数，$X=(x_1,x_2,\cdots,x_n)$

表示所有相关的随机变量。

当失效方程中有两个或两个以上的变量时，精确求解可靠度方程是不可能实现的，这不仅是因为工程中很难给出包含诸多随机变量的概率密度函数，而且多数情况下，极限状态方程的概率积分没有解析解，所以这类问题可以考虑使用近似求解的方法或仿真的方法求解。以下内容将讨论和总结失效概率的求解方法。

工程可靠度分析依据结构的失效模式来构建极限状态函数，即功能函数 $g(\cdot)$。目前常用的数学方法有一次二阶矩法、二次二阶矩法、蒙特卡罗仿真法等。

一、一次二阶短法

在数字特征上，可以使用随机变量的一阶矩（均值）、二阶矩（方差）或是更高阶的矩来表示其特性。对极限状态方程形式使用不同的近似方法是以不同的可靠度分析算法为基础的，如一阶可靠度法和二阶可靠度法等。讨论一阶可靠度法要先追溯到一次二阶矩法，因为一阶可靠度法是由其发展而来的。

在失效概率计算方程中，由于多维随机变量的出现，一些近似的计算方法被用来简化这一集合的多变量极限状态方程并进行数值处理。其中，利用泰勒级数展开是常用方法之一，可以将非线性的极限状态方程线性化。在这个过程中，一阶或二阶泰勒级数展开被用来估算可靠度，这样的方法分别被称作一阶矩法或二阶距法。一次二阶矩（first order second moment）法就是一种在随机变量的分布尚不清楚的情况下，采用均值和标准差两种统计指标，对设计的功能函数进行线性泰勒展开，得到新的数学模型去求解结构可靠度的方法。其中，一次指的是泰勒展开后仅保留自变量的线性项，二阶指的是统计指标中出现的最高阶（标准差为二阶）。

假设随机变量集 X 是独立分布的，将极限状态方程在因变量均值点 μ_X 处展开成泰勒级数，近似方程可写成

$$\tilde{g}(X)\approx g(\mu_X)+\nabla g\ (\mu_X)^{\mathrm{T}}(X_i-\mu_{X_i}) \tag{4.23}$$

式中，$\mu_X=\{\mu_{x1},\mu_{x2},\cdots,\mu_{xn}\}^{\mathrm{T}}$表示随机变量均值点集；$\nabla g(\mu_X)$表示极限状态方程在均值点 μ_X 处的导数，其表达式为

$$\nabla g(\mu_X)=\left\{\frac{\partial g(\mu_X)}{\partial x_1},\frac{\partial g(\mu_X)}{\partial x_2},\cdots,\frac{\partial g(\mu_X)}{\partial x_n}\right\}^{\mathrm{T}} \tag{4.24}$$

近似的极限状态方程 $\tilde{g}(X)$的均值可表示为

$$\mu_g\approx E[g(\mu_X)]=g(\mu_X) \tag{4.25}$$

可知 $\mathrm{Var}[g(\mu_X)]=0,\mathrm{Var}[\nabla g(\mu_X)]=0$，所有近似的极限状态方程 $g(X)$的方差可以表示为

$$\begin{aligned}\mathrm{Var}[g(X)]&\approx\mathrm{Var}[g(\mu_X)]+\mathrm{Var}[\nabla g\ (\mu_X)^{\mathrm{T}}(X_i-\mu_{X_i})]\\&=\mathrm{Var}[\nabla g\ (\mu_X)^{\mathrm{T}}X]-\mu_X\mathrm{Var}[\nabla g\ (\mu_X)^{\mathrm{T}}]\\&=[\nabla g\ (\mu_X)^{\mathrm{T}}]^2\mathrm{Var}(X)\end{aligned} \tag{4.26}$$

因此，近似极限状态方程的标准差为

$$\begin{aligned}\sigma_g&=\sqrt{\mathrm{Var}[g(X)]}=\sqrt{[\nabla g\ (\mu_X)^{\mathrm{T}}]^2\mathrm{Var}(X)}\\&=\left[\sum_{i=1}^{n}\left(\frac{\partial g(\mu_X)}{\partial x_i}\right)^2\sigma_{x_i}^2\right]^{\frac{1}{2}}\end{aligned} \tag{4.27}$$

可靠度指标 β 的计算公式为

$$\beta=\frac{\mu_g}{\sigma_g}=\frac{g(\mu_X)}{\left[\sum_{i=1}^{n}\left(\frac{\partial g(\mu_X)}{\partial x_i}\right)^2\sigma_{x_i}^2\right]^{\frac{1}{2}}} \tag{4.28}$$

当极限状态方程为线性函数，且满足随机变量相互独立时，使用均值一阶可靠度法能够得到精确的解；而对于非线性功能函数，或者当随机变量存在相关性时，其一阶泰勒展开会带来较大的误差，且误差在工程上是不能被接受的。这种情况需要先对随机变量进行正态化和独立性处理，再用此方法进行计算。

均值一次二阶矩法概念清楚，计算简便，能够直接给出可靠度指标与随机变量统计参数的分布关系，导出其解析表达式，但均值一次二阶矩法存在两个主要缺点：一是对于同一个结构问题，采用不同的功能函

数表达式求得的解可能不同，即可靠度指标 β 不唯一；二是选取随机变量均值点作为功能函数的线性化点，使实际工程中求解产生较大的误差。因此，在工程应用中对一次二阶矩法进行了改进，选取系统中最有可能失效所对应的设计验算点 $P^*(x_1^*, x_2^*, \cdots, x_n^*)$ 作为泰勒级数展开点（见图 4-5），其功能函数的极限状态方程为

$$g(X) \approx g(x_1^*, \cdots, x_n^*) + \sum_{i=1}^{n} \frac{\partial g}{\partial x_i}\Big|_{P^*}(X_i - x_i^*) \tag{4.29}$$

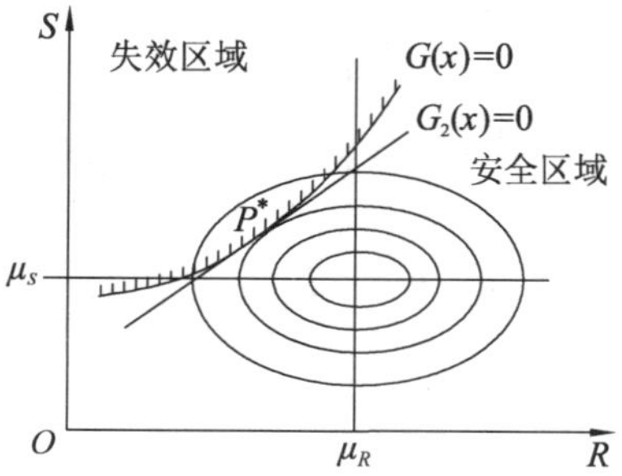

图 4-5　极限状态验算点

设计验算坐标点 $P^* = \mu_{X_i} + \cos\theta_{X_i}\beta\sigma_{X_i}$，其中 $\cos\theta_{X_i} = \dfrac{-\dfrac{\partial g}{\partial x_i}\Big|_{P^*}\sigma_{x_i}}{\left[\sum\limits_{i=1}^{n}\left(\dfrac{\partial g}{\partial x_i}\Big|_{P^*}\sigma_{x_i}\right)^2\right]^{\frac{1}{2}}}$，则功能函数的均值和标准差能够推导如下：

$$\mu_g = \sum_{i=1}^{n} \frac{\partial g}{\partial x_i}\Big|_{P^*}(\mu_{X_i} - x_i^*) \tag{4.30}$$

$$\sigma_g = \left[\sum_{i=1}^{n}\left(\frac{\partial g}{\partial x_i}\Big|_{P^*}\sigma_{x_i}\right)^2\right]^{\frac{1}{2}} \tag{4.31}$$

可靠度指标 β 表示为

$$\beta = \frac{\mu_g}{\sigma_g} = \frac{\sum\limits_{i=1}^{n} \dfrac{\partial g}{\partial x_i}\Big|_{P^*}(\mu_{X_i} - x_i^*)}{\left[\sum\limits_{i=1}^{n}\left(\dfrac{\partial g}{\partial x_i}\Big|_{P^*}\sigma_{x_i}\right)^2\right]^{\frac{1}{2}}} \tag{4.32}$$

因P^*为假设值，初始值不一定满足要求，需要采用迭代计算求解P^*的坐标值，故上述中心点改进法（即验算点法）求解可靠度指标的计算步骤如下：

① 选取验算点P_0^*为中心点，即坐标的初始值$x_i^*=\mu_{X_i}$；

② 计算$\cos\theta_{X_i}$和$\sum_{i=1}^{n}\frac{\partial g}{\partial x_i}\bigg|_{P^*}$的值；

③ 计算μ_g、σ_g及β的值；

④ 重新计算验算点P_i^*；

⑤ 使用新的坐标点P_i^*，重复计算步骤②～④，满足前后两次计算出的β值之差小于允许的误差。

二、二次二阶矩法

一阶可靠度法是用极限状态失效临界面在设计验算点处的切平面代替极限失效状态临界面，通过计算概率密度分布函数到验算点处的最短距离求得极限状态方程的可靠指标。其计算精度取决于极限状态失效临界面的形状（线性或非线性），若极限状态失效临界面与在设计验算点处的切平面较为吻合，则一阶可靠度法具有较高的计算精度，否则计算结果将会产生较大的误差。

为了提高可靠度算法的精确度，本书提出了二阶可靠度法(SORM)，其设计理念是：将设计验算点处切平面改进为二次曲面来近似代替极限失效状态临界面，使两个曲面近似程度更为接近，并以此来提高计算精度。然而多了一个二次项使得二阶可靠度算法难度相对加大，本章主要介绍较为简单的经验二阶可靠度法（Emprical SORM，ESORM）。

假设极限状态方程为$G(\boldsymbol{X})$，随机变量$\boldsymbol{X}$服从标准正态分布，变量之间相互独立且均服从标准正态分布，将极限状态方程在设计验算点$\boldsymbol{x}^*$处进行泰勒级数展开，保留二次项，则极限状态方程近似为

$$G(\boldsymbol{X})\approx\boldsymbol{\beta}_F-\boldsymbol{\alpha}^T\boldsymbol{X}+\frac{1}{2}(\boldsymbol{X}-\boldsymbol{x}^*)^T\boldsymbol{B}(\boldsymbol{X}-\boldsymbol{x}^*) \tag{4.33}$$

式中，$\boldsymbol{\beta}_F$ 是由一阶可靠度算法求得的极限状态方程一阶可靠度指标，$\boldsymbol{\beta}_F=\boldsymbol{\alpha}^T\boldsymbol{x}^*$；$\boldsymbol{\alpha}=-\dfrac{\nabla G(\boldsymbol{x}^*)}{|\nabla G(\boldsymbol{x}^*)|}$；$\boldsymbol{B}=\dfrac{\nabla^2 G(\boldsymbol{x}^*)}{|\nabla G(\boldsymbol{x}^*)|}$。其中，

$$\nabla G(\boldsymbol{x}^*)=\left(\frac{\partial G}{\partial x_1}\bigg|_{\boldsymbol{x}^*},\frac{\partial G}{\partial x_2}\bigg|_{\boldsymbol{x}^*},\cdots,\frac{\partial G}{\partial x_n}\bigg|_{\boldsymbol{x}^*}\right)^T$$

$$\nabla^2 G(\boldsymbol{x}^*)=\begin{bmatrix}\dfrac{\partial^2 G}{\partial x_1^2}\bigg|_{\boldsymbol{x}^*} & \cdots & \dfrac{\partial^2 G}{\partial x_1\partial x_n}\bigg|_{\boldsymbol{x}^*}\\ \vdots & & \vdots\\ \dfrac{\partial^2 G}{\partial x_n\partial x_1}\bigg|_{\boldsymbol{x}^*} & \cdots & \dfrac{\partial^2 G}{\partial x_n^2}\bigg|_{\boldsymbol{x}^*}\end{bmatrix}$$

$$|\nabla G(\boldsymbol{x}^*)|=\left[\sum_{i=1}^{n}\left(\frac{\partial G}{\partial x_i}\bigg|_{\boldsymbol{x}^*}\right)^2\right]^{\frac{1}{2}}$$

引入转换矩阵 $\boldsymbol{H}$，其第 n 行为 $\boldsymbol{\alpha}$，可推导转换方程如下：

$$G'(\boldsymbol{X})=-(\boldsymbol{X}_n-\boldsymbol{\beta}_F)+\frac{1}{2}\begin{bmatrix}\boldsymbol{X}'\\ \boldsymbol{X}_n-\boldsymbol{\beta}_F\end{bmatrix}^T\boldsymbol{A}\begin{bmatrix}\boldsymbol{X}'\\ \boldsymbol{X}_n-\boldsymbol{\beta}_F\end{bmatrix} \tag{4.34}$$

式中，$\boldsymbol{X}'=(\boldsymbol{X}_1,\boldsymbol{X}_2,\cdots,\boldsymbol{X}_n)$；$\boldsymbol{A}=\boldsymbol{HBH}^T$。

通过设计验算点 $\boldsymbol{x}^*$，在 $\boldsymbol{X}_n-\boldsymbol{X}_j$ 面内构造一个平面与二次曲面 $G'(\boldsymbol{X})$ 的交线方程为

$$a_{jj}\boldsymbol{X}_j^2+2a_{nj}\boldsymbol{X}_j(\boldsymbol{X}_n-\boldsymbol{\beta}_F)+a_{nn}(\boldsymbol{X}_n-\boldsymbol{\beta}_F)^2-2(\boldsymbol{X}_n-\boldsymbol{\beta}_F)=0 \tag{4.35}$$

计算得到设计验算点处曲线的曲率为 $K_j=a_{jj}$，$(j=1,\cdots,n-1)$，a_{jj} 表示矩阵 $\boldsymbol{A}$ 的对角线元素。

由微分几何性质可得

$$K_s=\sum_{j=1}^{n-1}K_j=\sum_{j=1}^{n-1}K_j'=\sum_{j=1}^{n}(a_{jj}-a_{nn}) \tag{4.36}$$

式中，K_j 表示极限状态失效临界面在设计验算点处的主曲率。

因为 $\boldsymbol{A}$ 是由 $\boldsymbol{B}$ 正交变换所得，所以可得出

$$\begin{cases}\sum_{j=1}^{n} a_{jj}=\sum_{j=1}^{n} b_{jj} \\ a_{nn}=\boldsymbol{\alpha}^{\mathrm{T}} \boldsymbol{B} \boldsymbol{\alpha}\end{cases} \tag{4.37}$$

式中，a_{jj}，b_{jj} 分别表示 $\boldsymbol{A}$ 和 $\boldsymbol{B}$ 的对角线元素，$j=(1,\cdots,n-1)$。

将上式代入 K_s 可得

$$K_s=\sum_{j=1}^{n} b_{jj}-\boldsymbol{\alpha}^{\mathrm{T}} \boldsymbol{B} \boldsymbol{\alpha} \tag{4.38}$$

为了进一步简化计算，在设计验算点处采用直径为 $2R\left(R=\dfrac{n-1}{K_s}\right.$，$n$ 表示随机变量数目$\Big)$的旋转抛物面来拟合近似的极限失效状态临界面，在变量相互独立且服从标准正态分布的空间中，近似的极限状态方程可表示为

$$G(\boldsymbol{X}) \approx-\left(\boldsymbol{X}_n-\boldsymbol{\beta}_{\mathrm{F}}\right)+\frac{K_s}{2(n-1)} \sum_{j=1}^{n-1} \boldsymbol{X}_j^2 \tag{4.39}$$

由概率论知识可知，$\sum_{j=1}^{n-1} \boldsymbol{X}_j^2$ 服从自由度为 $n-1$ 的 χ^2 分布，所以 $G(\boldsymbol{X})$ 为标准正态变量与自由度为 $n-1$ 的 χ^2 分布变量的线性组合，其失效概率可以表示为

$$P_{\mathrm{f}}=\int_0^{\infty} \Phi\left(\frac{t}{2R}-\beta_{\mathrm{F}}\right) f_{\chi_{n-1}}^2(t) \mathrm{d} t \tag{4.40}$$

式中，$f_{\chi_{n-1}}^2(t)=\dfrac{1}{\Gamma\left(\dfrac{n-1}{2}\right) 2^{\frac{n-1}{2}}} t^{\frac{n-3}{2}} \exp \left(-\dfrac{t}{2}\right)$。

最终通过迭代计算及回归分析，得到 ESORM 的可靠度指标为

$$\begin{cases}\beta_{\mathrm{S}}=-\Phi^{-1}\left[\Phi\left(-\beta_{\mathrm{F}}\right)\left(1+\dfrac{\varphi\left(\beta_{\mathrm{F}}\right)}{R \Phi\left(-\beta_{\mathrm{F}}\right)}\right)^{-\frac{n-1}{2}\left(1+\frac{2K_s}{10\left(1+2\beta_{\mathrm{F}}\right)}\right)}\right], K_s \geqslant 0 \\ \beta_{\mathrm{S}}=\left(1+\dfrac{2.5K_s}{2n-5R+25\left(23-5\beta_{\mathrm{F}}\right)/R^2}\right) \beta_{\mathrm{F}}+\dfrac{1}{2} K_s\left(1+\dfrac{K_s}{40}\right), K_s<0\end{cases} \tag{4.41}$$

式中，β_S 表示二阶可靠度。

总结ESORM 求解可靠度指标的计算步骤如下：

① 先求出极限状态方法的一阶可靠度指标 β_F；

② 确定标准正态空间设计验算点 $\boldsymbol{x}^*$，计算出 $\boldsymbol{\alpha}$ 和 $\boldsymbol{B}$ 矩阵；

③ 求解 K_s 和 R 值；

④ 计算二阶可靠度指标 β_S。

三、蒙特卡罗仿真法

蒙特卡罗仿真法（Monte Carlo simulation method），又称随机抽样法，它以数理统计为基础，用计算机数值模拟技术解决实际工程中的随机问题。该方法摆脱了数值计算中的诸多局限，对极限状态方程的随机分布、变量个数、非线性与否、失效面数值求解等诸多难题不作要求，具有一般通用性。由于该方法采用计算机代替人工数值计算，因此对不同随机变量函数的表达形式、复杂程度均能快速获得结果，节约计算时间，其抽样仿真过程见图 4-6。

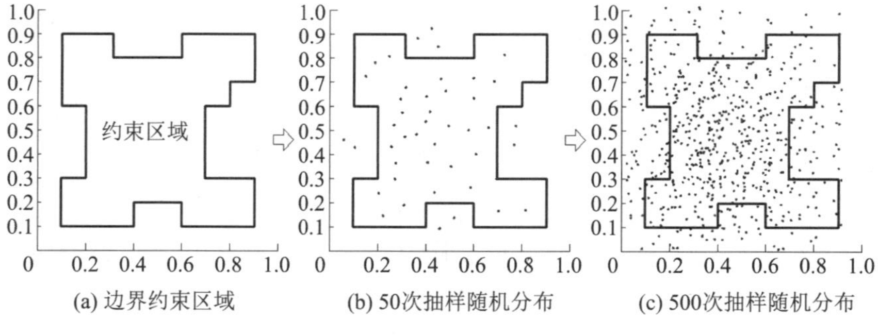

图 4-6 蒙特卡罗抽样仿真过程

蒙特卡罗仿真法首先根据概率密度函数，通过计算机生成随机变量的抽样集；其次，构建极限状态方程的数学模型用于判断随机变量抽样的失效概率；最后，利用产生的抽样集进行仿真模拟，得到结构响应的概率特征，如图 4-7 所示。由此可见，在蒙特卡罗仿真法中，失效概率表示结构失效次数占总抽样数的频率。在仿真中，为了保证统计结果的收敛性需进行多次试验。在每一次试验中，用计数的方法生成样本值并分析。其计算过程相对简单，具体步骤如下：

① 为随机变量选择一个分布类型；

② 从分布中产生一个样本集；

③ 使用产生的样本集进行模拟。

如果试验进行了 N 次，失败概率就能够近似写成

$$P_f=\frac{N_f}{N_{sum}} \tag{4.42}$$

式中，N_f 表示试验中失效的次数，即结果超出约束区域的次数。

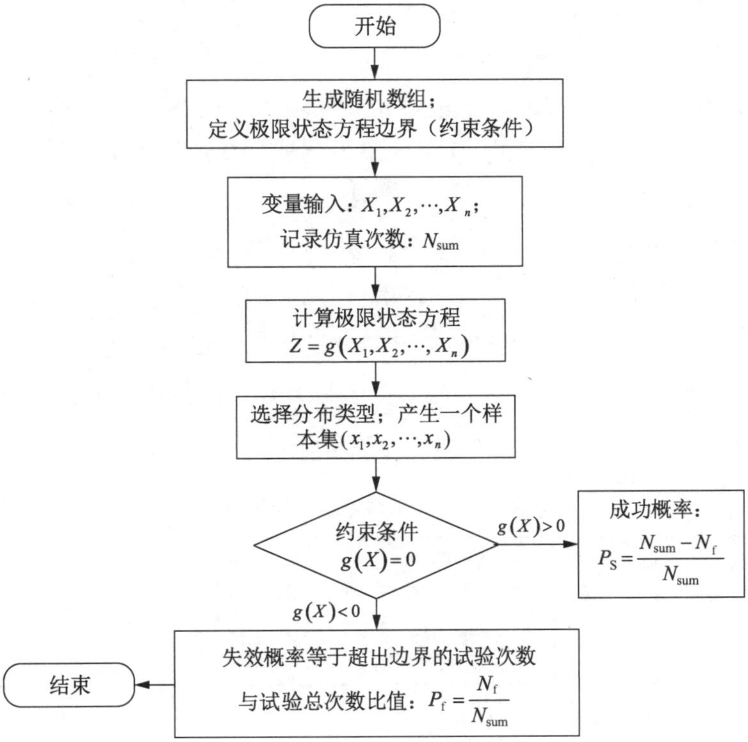

图 4-7 蒙特卡罗仿真流程

第五节　纵坡坡长可靠度分析

目前，我国公路灵活性设计还远没有达到一个较高的水准，尤其在等级较低的道路线形设计中，更多地将《标准》和《规范》中确定性的参数指标作为依据进行设计，但是受地形或道路环境因素约束，设计者往往有意选取规范中的下限值或上限值作为设计指标，其设计虽未超标，但这样常会出现满足设计规范要求却又事故频发的路段。本节将运用可靠度理论及计算方法研究高速公路中长上坡坡长的设置问题，以此论证道路线形设计由确定性设计到概率设计的必要性和有效性。

我国《规范》中明确规定，设计速度为 120 km/h 的高速公路的最大纵坡为 3%（临界坡度），其对应的最大坡长为 900 m（临界坡长）；然而《规范》中并没有明确规定准临界坡度（接近临界值，如 2.9%和 2.8%等坡度）对应的坡长。在道路线形设计中，这样类似需要量化的指标选用时常会出现，尤其是受地形限制的路段，有些设计者会采用“打擦边球”或称“恶意透支”的方式使用规范，选取规范中的准临界值作为设计控制指标，模糊对应参数值的选用，如坡度为 2.9%时，选用 1800 m 坡长，其设计参数虽未受到规范约束，但给实际运营带来安全隐患。《规范》中最大坡度坡长规定参照表 4-2。

表 4-2　公路最大纵坡和坡长

设计速度/($km \cdot h^{-1}$)	120	100	80	60	40	30	20
最大纵坡/%	3	4	5	6	7	8	9
最大坡长/m	900	800	700	600	500	300	300

一、数据收集和模型分析

数据采集于宁杭高速的一段长上坡，在当地交通管理部门的帮助下，收集了该路段 2004—2014 年间发生的交通事故数据；并现场实测采集了该路段的几何特征，利用 MATLAB 对实测数据进行处理与纵断面参数数值拟合，拟合结果如图 4-8 和图 4-9 所示。分析和拟合结果显示，两侧坡度均为 2.9%，左侧坡长为 1775 m，右侧坡长为 1980 m。

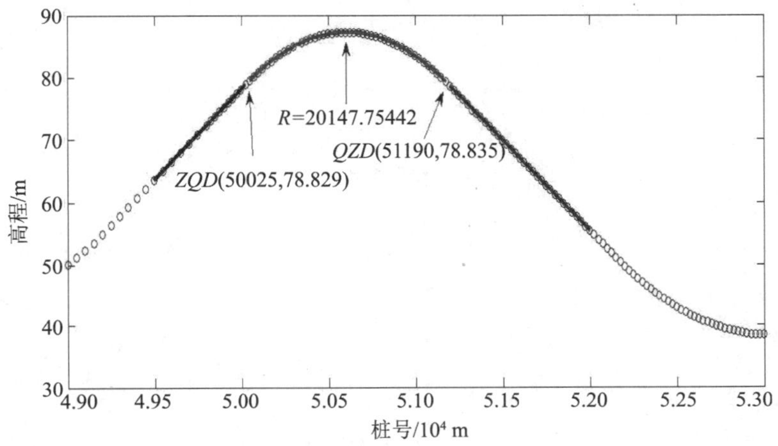

图 4-8　宁杭方向纵断面参数拟合

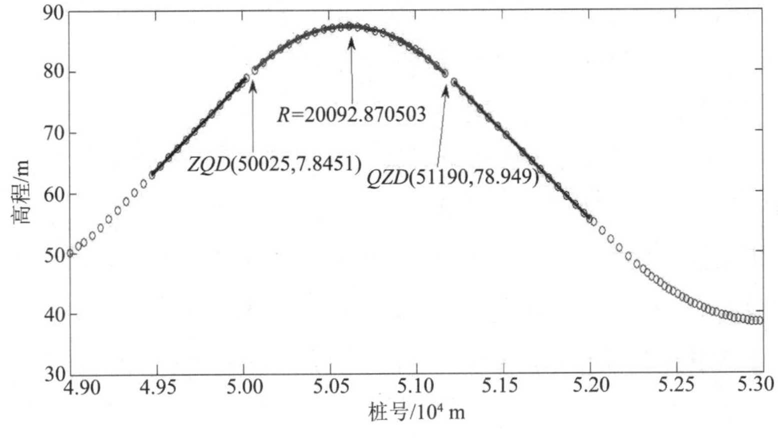

图 4-9　杭宁方向纵断面参数拟合

根据实测资料，构建准极限坡长计算模型，如图 4-10 所示。

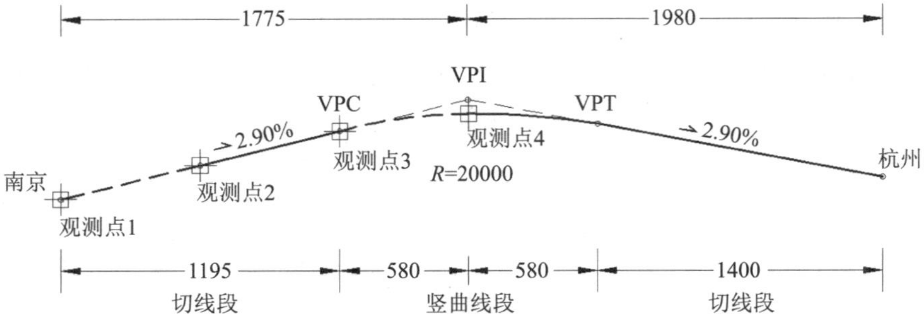

图 4-10　准极限坡长计算模型（单位：m）

显然，这是一个典型的准临界坡长参数设计问题，在《标准》和《规范》中均未提及具体做法，看似没有触犯规范中的条款。但道路通车后，基于 10 年的事故数据，此路段表现为事故高发路段，其事故率远超出整条道路的平均事故率。

参照道路模型图 4-10，选择前半部分作为研究对象，即 1775 m 的长上坡。数据分析显示，在整个前半部分，事故数分布是不均匀的。为了分析其事故分布不均的原因，将图 4-10 中的 1775 m 上坡段又分成 3 个部分：第一部分为切线段观测点 1～2（长 597.5 m），第二部分为切线段观测点 2～3（长 597.5 m），第三部分为竖曲线段观测点 3～4（长 580 m）。分析显示，大部分事故以及几乎所有的严重事故都发生在观测点 2～4，这揭示了长上坡段的后段是事故高发段。

事故数据分析显示，主要的事故形式有 3 种：一是追尾碰撞，占事故总数的 36.17%；二是撞击护栏，占事故总数的 18.30%；三是换道刮擦，占事故总数的 20.43%。其中，因追尾碰撞导致的严重事故数占总严重事故数的 74%。运行速度实测显示，小车运行速度远大于大货车的运行速度，速度差达到 1.5～2.5 倍，这直接导致速度较快的小车因换道或躲闪不及而发生碰撞。

将这种准临界坡度的长上坡与普通路段事故分布进行对比统计，把车辆分为 3 种类型：轻型车（小车）、中型车（小货车或客车）、重型车

(大货车)。其统计结果见表 4-3。

表 4-3　事故分布统计　%

车型	准极限坡度(2.9%)			普通路段		
	事故率	严重事故率	死亡率	事故率	严重事故率	死亡率
轻型车	61.86	71.44	75.00	62.05	50.00	57.78
中型车	21.71	14.27	8.33	13.86	17.65	11.11
重型车	16.43	14.29	16.67	24.09	32.35	31.11

表 4-3 显示，准极限坡度的长上坡段和普通路段的事故率所占比例相似，没有太大区分度；但轻型车严重事故率比普通路段的要多出 21.44%，且死亡率也相对高出很多。相反，重型车严重事故率及死亡率比普通路段的低，这反映轻型车与重型车在长上坡路段发生追尾事故，在高速行驶状态下，对轻型车造成的是致命的伤害，这也意味着运行速度差过大会带来严重的交通事故。

为了进一步分析准临界长上坡段运行速度差对交通事故的影响，在现场布设了 4 个观测点进行实地监测交通流数据与车辆爬坡的性能表现(见图 4-10)。一昼夜的运行速度调查结果见表 4-4 和图 4-11。

表 4-4　一昼夜的运行速度调查

车型	观测位置	样本大小(6:00～18:00)	白天平均速度/($km \cdot h^{-1}$)	样本大小(18:00～6:00)	夜间平均速度/($km \cdot h^{-1}$)
轻型车	1	284	96.6	297	90.7
	2	287	92.3	229	86.8
	3	59	97.4	197	82.7
	4	32	109.3	200	87.0
中型车	1	185	78.7	143	81.3
	2	190	75.2	175	73.5
	3	103	73.3	116	62.0
	4	63	72.5	99	58.4

续表

车型	观测位置	样本大小（6:00～18:00）	白天平均速度/（km·h^{-1}）	样本大小（18:00～6:00）	夜间平均速度/（km·h^{-1}）
重型车	1	417	65.3	448	65.3
	2	226	52.3	346	48.0
	3	350	42.1	353	37.3
	4	188	54.8	417	51.2

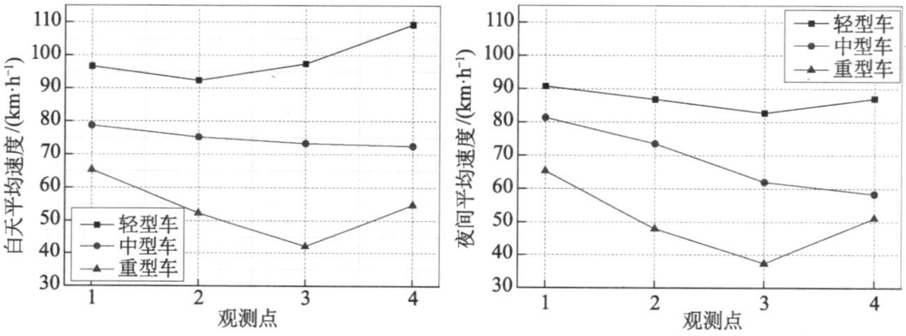

图 4-11　昼夜平均速度变化

野外实测，即对 381 辆爬坡车辆进行速度追踪。结果显示，在长上坡的切线段有显著的速度差（ΔV_{max}=43 km/h）。设置 4 个观测点，其中入坡平均速度最高，为 67.8 km/h；竖向切线末端平均速度最低，为 39.5 km/h，爬坡全程平均速度差为 28.3 km/h。统计显示，93.3%的重型车与轻型车或中型车之间的速度差超过 20 km/h，如图 4-12 所示。显然，由于重型车的运行速度及速度衰减严重制约高速公路的交通流，因此性能较好的轻型车或中型车不得不刻意降低速度或换道，否则必然造成交通事故。这也揭示了我国混合交通的现状与性能较差的重型车对交通安全的影响，以及我国道路线形设计采用确定性设计方法的弊端。

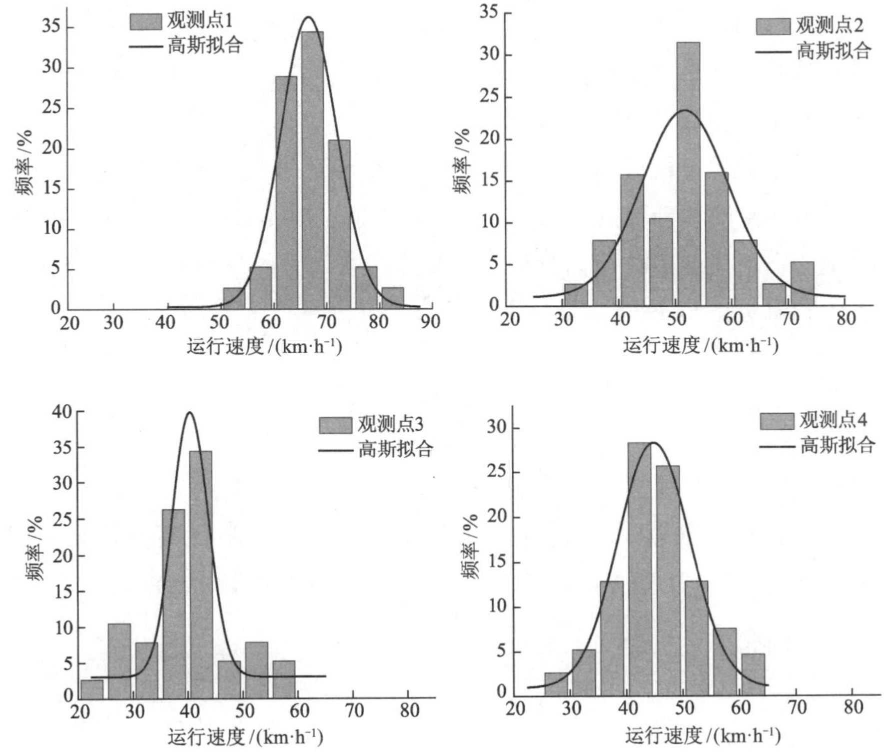

图 4-12 被追踪车辆的速度分布

二、数学模型及可靠度计算

(1) 构建极限状态方程

车辆爬坡距离受多种因素制约，主要有发动机性能、坡度、运行速度、轮胎及路面性能等。考虑到车辆动力性能指标较多，计算也相对复杂，同时在可靠度数值计算中，泰勒展开线性化时可能无法求解各随机变量的偏导数，因此使用简化的爬坡坡长计算公式，其计算方程式表示为

$$L=\frac{\delta(V_2^2-V_1^2)}{254\left(\frac{D_1+D_2}{2}-f-i\right)} \tag{4.43}$$

式中，V_1 表示入坡时的运行速度；V_2 表示到达坡顶时的运行速度；δ 表示旋转质量换算系数；D_1 和 D_2 分别表示 V_1 和 V_2 的动力学因子；f 是滚动阻力系数；i 表示坡度。

基于数据分析可知，式（4.43）计算得到的爬坡坡长 L 是车辆实际需要的距离，即极限状态方程中的需求值（Demand）；规范中提供的爬坡指标值是此系统中的供给值（Supply），为一个常数集。其极限状态方程可表示为

$$g(S,D)=S-\frac{\delta(V_2^2-V_1^2)}{254\left(\dfrac{D_1+D_2}{2}-f-i\right)}=0 \tag{4.44}$$

（2）一阶可靠度法

假设各变量服从标准正态分布且相互独立，那么极限状态方程 $g(S,D)$ 也服从正态分布，即 $g\sim N(\mu_g,\sigma_g^2)$，则失效概率为

$$P_f=P(g<0)=\int_{-\infty}^{0}f(g)\mathrm{d}g=\int_{-\infty}^{0}\frac{1}{\sigma_g\sqrt{2\pi}}\exp\left[-\frac{1}{2}\left(\frac{g-\mu_g}{\sigma_g}\right)^2\right]\mathrm{d}g \tag{4.45}$$

因为需求函数、供给函数以及极限状态方程均服从正态分布，且多维变量之间相互独立，所以采用一阶可靠度法（即一次二阶矩方法）来求解此问题。

可靠度指标 β 可以写成

$$\beta=\frac{\mu_g}{\sigma_g}=\frac{\mu_S-\mu_D}{\sqrt{\sigma_S^2+\sigma_D^2}} \tag{4.46}$$

基于采集的数据及现场勘测，通过分析可知此路段超过 15 t 的货车比例约占车辆总数的 45%。因此，选取典型的黄河 JN162 货车作为计算车型，其总质量为 15.06 t（质量功率比为 $W/P=125$ kg/kW）。不同位置的运行速度值通过实测可以获得，经过反复多次监测求得货车在长上坡段不同位置的平均瞬时运行速度，此过程不考虑其他因素影响，如天气变化、驾驶员技术水平差异等。上坡段运行速度差控制在 20 km/h

内，超过这个指标值即视为车辆爬坡存在安全隐患，以此求得汽车爬坡实际的需求值。

通过控制变量法，选取规范中提供的爬坡长度作为供给值进行试验计算，坡长从 400 m 到 2000 m，步长为 100 m；选取依次递增的 6 种坡度值为坡度控制指标，包括准临界坡度 2.8%和 2.9%。通过计算可以得到我国《规范》中坡长控制指标在此段道路工况下的可靠性，其计算结果见表 4-5。

表 4-5 《规范》中坡长值的可靠度指标

坡长供给值/m	坡度/%					
	1.5	2	2.5	2.8	2.9	3
400	100	100	100	100	100	100
500	100	100	100	99.85	99.80	99.74
600	100	100	99.75	99.38	99.16	98.90
700	100	99.98	99.20	97.88	97.19	96.25
800	100	99.71	97.78	94.18	92.22	89.80
900	100	99.31	94.63	86.43	82.38	77.64
1000	100	98.50	88.69	73.89	67.36	60.26
1100	100	96.93	79.10			
1200	99.95	94.30	65.54			
1300	99.77	89.97				
1400	99.60	83.89				
1500	99.31	75.49				
1600	98.84					
1700	98.12					
1800	97.06					
1900	95.54					
2000	93.45					

图 4-14 所示是表 4-5 的趋势变化情况，从图中可以直观地看到，随

着坡度和坡长值增大，可靠性指标呈非线性速度降低，且坡度值越大，降低的速度就越快。这种变化趋势说明设计者不能采用“打擦边球”的形式进行设计，而应选用准极限状态时的几何参数对其进行可靠性论证。

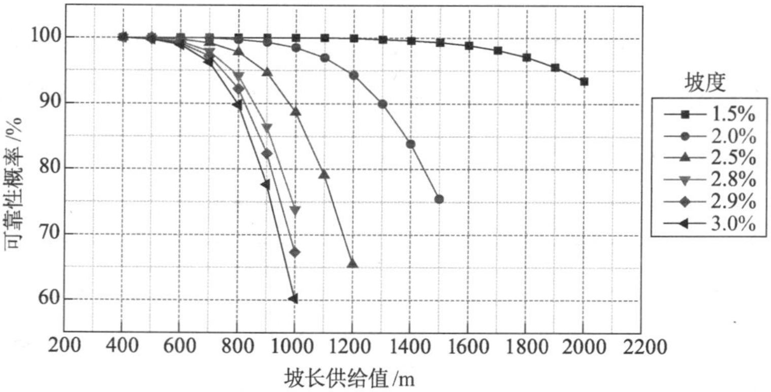

图 4-14 不同坡度和坡长下的可靠度指标

（3）蒙特卡罗仿真法

由于蒙特卡罗仿真法使用计算机处理数据，因此上述一阶可靠度中无法参与数值计算的车辆动力性能参数都可以在计算机的帮助下完成求解。通过 MATLAB 编程，系统的失效概率可以进行抽样模拟计算。假设道路设计参数为：高速公路，设计速度 120 km/h，坡度值 3%。车辆性能参数为：滚动摩阻系数 0.01，惯性力系数 1.07。车辆详细数据见表 4-6 和表 4-7。海拔荷载修正系数取 1.0。

表 4-6 黄河 JN162 货车设计数据

参数	参数设计值	参数	参数设计值
最大功率 $N_{e\max}$/kW	119	车辆惯性系数 δ	7.64
最大扭矩 $M_{e\max}$/(N·m)	686		4.27
最大功率对应的转速 n_N/(r·min^{-1})	1800		2.60
最大扭矩对应的转速 n_M/(r·min^{-1})	1250		1.59
满载总重 G/kg	15060		1.00

续表

参数	参数设计值	参数	参数设计值
满载驱动轴荷分配 $G_{驱}$/kg	10160	变速箱变速比 i_k	3.36
质量功率比/(kg·kW^{-1})	125		1.76
空气阻力系数 K/(N·m^{-3})	0.7		1.30
迎风面积 A/m^2	5		1.13
轮胎半径 r/m	0.50		1.07
主传动器减速比率 i_0	4.88		

表 4-7 黄河 JN162 货车不同挡位下的参数计算值

挡位	P	Q	W	V_K	D_{VK}	$V_{\max}$	$D_{V\max}$
Ⅰ挡	−0.00326	0.042852	0.119011	6.6	0.259859	9.1	0.2390046
Ⅱ挡	−0.00057	0.013386	0.066515	11.7	0.145104	16.3	0.1332635
Ⅲ挡	−0.00013	0.004963	0.040501	19.1	0.087869	26.7	0.0803374
Ⅳ挡	−0.000031	0.001856	0.024768	30.2	0.052546	43.7	0.0466748
Ⅴ挡	−0.0000086	0.000734	0.015577	42.5	0.031238	69.5	0.0250499

注：P、Q、W 表示一个二次函数的常数项，即速度“V”和动力因数“D”的二次函数，$D=PV^2+QV+W$；V_K 表示汽车以某一挡行驶的临界速度，单位为 km/h；D_{VK} 中的“D”表示汽车动力特性，称为动力因素，下标“VK”表示临界速度下的动力因素；$V_{\max}$ 表示最大速度，单位为 km/h；$D_{V\max}$ 表示最大速度下的动力因素。

对随机变量$X_i(i=1,\cdots,n)$采用 MATLAB 自带函数产生(0,1)区间上服从正态分布的随机数$u_i^j(i=1,\cdots,n;j=1,\cdots,N)$，根据$u_i^j$确定相应的$x_i^j$，如：

$$x_i^j=G_{X_i}^{-1}(u_i^j) \tag{4.47}$$

假设随机变量X_i服从正态分布 $N(\mu_{X_i},\sigma_{X_i})$，利用坐标变换法可得

$$\begin{cases} x_i^j=(-2\ln u_i^j)^{\frac{1}{2}}\cos(2\pi u_i^{j+1})\sigma_{X_i}+\mu_{X_i} \\ x_i^{j+1}=(-2\ln u_i^j)^{\frac{1}{2}}\sin(2\pi u_i^{j+1})\sigma_{X_i}+\mu_{X_i} \end{cases} \tag{4.48}$$

基于 MATLAB 编程实现坡长蒙特卡罗仿真，程序如下：

```
clear all;
n=100000;
a=63.75+13.73*randn(n,1);
b=43.75+12.28*randn(n,1);
c=[a,b];
for i=1:n
    if (c(i,1)>100)||(c(i,2)<40)||(c(i,1)-c(i,2)>40)||(c
      (i,1)<c(i,2))
        c(i,:)=NaN;
end
cc=c(~any(isnan(c)'),:);
s=size(cc,1);
f=@(v)1.07*v/12.96/9.8./(-0.0000086.*v.^2+0.000734.
   *v+0.015577-0.04);
for L=300:1:2000
    for i=1:s
        z(i,1)=L-integral(f,cc(i,1),cc(i,2));
    end
    p(L-99,1)=L;
    p(L-99,2)=sum(z(:,1)>0)/s;
end
```

选取不同的坡长供给值，仿真计算的结果见表 4-8。

表 4-8 《规范》中不同坡长供给值的失效概率（设计速度 120 km/h，坡度 3%）

坡长供给值/m	失效概率/%	坡长供给值/m	失效概率/%
300	0.104	600	1.053
400	0.228	700	2.283
500	0.459	800	4.540

续表

坡长供给值/m	失效概率/%	坡长供给值/m	失效概率/%
900	8.532	1500	87.297
1000	15.260	1600	95.386
1100	25.803	1700	98.797
1200	40.135	1800	99.795
1300	57.083	1900	99.980
1400	73.916	2000	99.998

三、敏感性分析及结果

本书选用15 t级的重型货车计算坡长，而我国早期制定规范时一般采用轻型车或中型车（$W<5$ t）作为计算车型，显然，本书选取的计算车型更加符合我国当前交通运营状况。

计算结果显示：使用蒙特卡罗仿真法得到900 m坡长的失效概率是8.53%；而使用一阶可靠度法计算得到900 m坡长的失效概率是22.63%。假设《规范》中提供的坡长值是合理有效的指标，置信水平达到95%，则900 m坡长的可靠度至少能够超过90%（即失效概率小于10%）。因此，使用蒙特卡罗仿真法的坡长计算精度要优于使用一阶可靠度法的。

两种计算方法的精度不同主要有两个原因：一是为了降低一阶可靠度数值计算难度，假设变量之间相互独立且服从正态分布，同时减少了变量个数，简化了坡长计算公式，但其变量之间显然存在一定的相关性，这是一种近似求解；二是使用一阶可靠度法需要进行泰勒级数展开，将极限状态方程线性化，其求解是一种近似方法，且极限状态方程包含多个随机变量，在求解过程中，需要求解各变量的偏微分，这使得数值计算很难得到精确的结果，其每一步近似求解导致最终误差不断增大。因此，一阶可靠度法的计算精度比较低。而使用蒙特卡罗仿真法对变量随机特征、分布情况要求不高，故在坡长计算上更有优势，其计算结果差异如图 4-15 所示。

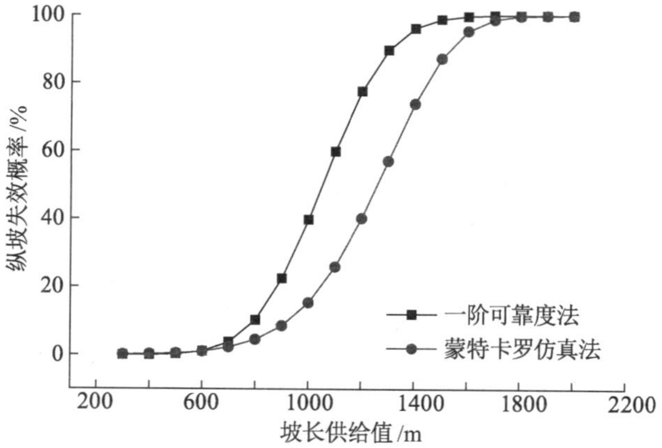

图 4-15　一阶可靠度法与蒙特卡罗仿真法求得的失效概率比较（坡度 3%）

基于野外实测数据可知，重型货车通常的入坡速度小于 80 km/h，爬坡过程中平均速度衰减为 27 km/h。因此，假定车辆入坡速度为 80 km/h，选取坡度区间在 [2.5%，3.0%]，步长为 0.1%。此时，设计速度 120 km/h 的高速公路，准临界坡长值需要达到表 4-9 中的距离，才能保证混合交通下车辆爬坡的安全可靠性达到 95%以上。

表 4-9　准临界坡长建议值
（以黄河 JN162 货车为计算车型，车辆入坡速度为 80 km/h）

坡度/%	3.0	2.9	2.8	2.7	2.6	2.5
坡长/m	841	868	897	930	964	1000

根据我国目前的交通运营状况，不同坡度下坡长取值的可靠性概率如图 4-16 所示。当坡度值为 3%时，为了保证车辆爬坡成功的安全概率达到 90%以上，坡长值应该修正为小于 700 m。然而，我国《规范》中给出 3%坡度对应的坡长指标上限值为 900 m，其在图 4-16 中对应的安全概率只有约 50%，这些控制值是以轻型车或中型车为计算车型获得的结果，显然在一些重型车辆占比较高的地区，重型货车爬坡安全系数

会比较低；加之我国重型车辆动力性能比较差，且常出现超载、超重等违法情况，使得我国很多长上坡属于事故多发路段。

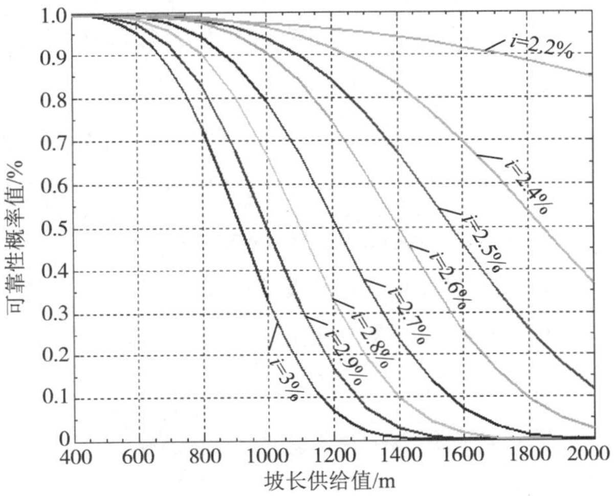

图 4-16 不同坡度下的车辆爬坡安全概率分布（黄河 JN162 货车）

当然对于可靠度的理解应从概率的角度看，从图 4-16 中可以观察到随着坡长、坡度值的增加，车辆爬坡的可靠性安全概率在下降，但这并不意味着概率低就一定会发生事故。对于《规范》中 3%坡度对应的坡长指标上限值 900 m，其失效概率为 50%，但显然不可能有一半的车辆发生交通事故。本书的计算模型是在保证一定交通流的情况下计算的结果，往往在实际交通运营中，重型货车的爬坡速度非常低（远低于 80 km/h 设计速度，甚至低于40 km/h），虽然低速时车辆的爬坡性能相对较好，但牺牲了交通运输效率。根据研究，在保证我国高速公路规定运行速度的前提下，如果要保证全部车辆爬坡的安全概率达到 95%（3%坡度），那么最大的临界坡长值为 620 m。

通过两种可靠度方法的应用，证明可靠度理论适用于道路线形设计的指标验证，具有一定的工程精度；使用可靠度设计理论能够改进《规范》中的指标值选用，使其既能保证一定的安全可靠性，又能达到较好的效益成本比。

相比于我国传统的确定性设计理论，可靠度方法设计更加合理和有效，尤其对于《规范》中没有给出的极限指标控制以外的参数值设计，可靠度方法能够给出任意参数值的可靠性指标，以优化道路指标的合理使用，比如 2.9%和 2.8%准极限坡长设计。

综合比较两种可靠度计算坡长的方法，并对比我国《规范》中坡长规定值，本书给出了不同设计速度、不同设计坡度下的高速公路坡长建议值，其建议值均能保证车辆爬坡的安全可靠性达到 95%以上。

基于 Visual Basic 程序开发，可按照表 4-10 中的可靠度计算值编制可视化界面，实现程序自动计算（程序见附录 C)，高速公路准临界纵坡坡长计算如图 4-17 所示。

表 4-10 准临界坡度的坡长建议值

坡度/%	设计速度/($km \cdot h^{-1}$)		
	120	100	80
1.8	2200		
2.0	1850	1900	
2.5	1200	1250	1900
2.6	1100	1180	1650
2.7	1050	1120	1450
2.8	1000	1070	1300
2.9	950	1050	1170
3.0	900	1000	1100
4.0	700	800	900
5.0		600	700
6.0			500

图 4-17　基于可靠度的高速公路准临界纵坡坡长计算

第六节　直线长度可靠度分析

直线段通常是道路行车环境中条件较好的路段，但在道路设计中并不能过多采用长直线，这方面的研究已有很多。本节重点分析道路平面线形组合中最小直线长度的问题，见第二章表 2-12 中平面线形组合基本类型，如果在前后两个圆曲线之间插入直线段径相连接，就需要考虑最小直线长度指标的取值问题。对比国内外相关规定，发现我国《规范》中最小直线长度约束值明显高于其他国家规定，如果国外的最小直线长度能够满足安全需要，那么我国实际工程中可能会出现为了满足规范要求而增加不必要的环境扰动和工程量。如图 4-18 所示，对老路进行改造，将原先低等级道路提档升级（同时提高设计速度），按照我国《规范》要求需要增加直线段长度以满足最小直线长度要求，如图中虚线所示，这样势必需要增加路线长度、增大拆迁量，对环境的扰动也会变大；如果在保证安全的前提下适当减小直线段最小长度取值，就可以充分利用老路路基进行改扩建，这样做显然更经济可行。

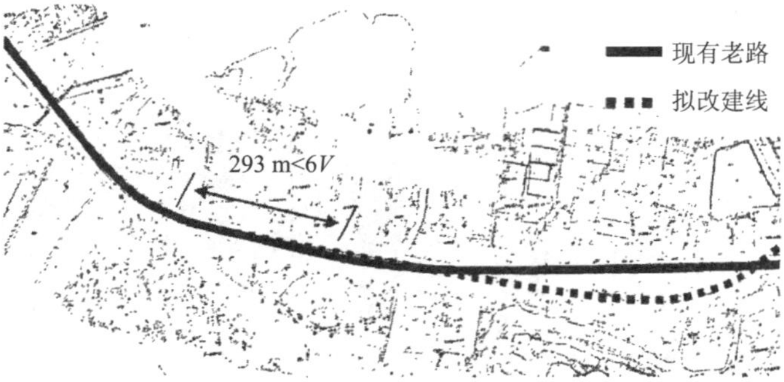

图 4-18 最小直线长度取值分析

研究最小直线长度需要分两种模型，如图 4-19 所示。我国《规范》中建议同向圆曲线间最小直线长度取 6 倍设计速度（6V）；反向圆曲线间最小直线长度取 2 倍设计速度（2V）。为了计算不同最小直线长度的安全水平，本节建立了可靠度计算模型。

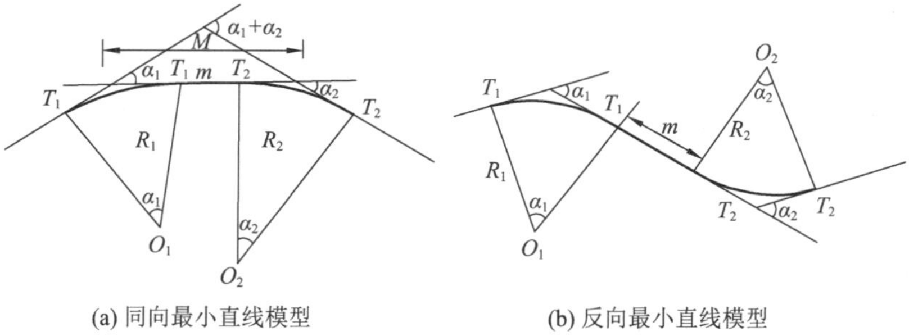

图 4-19 研究最小直线长度的模型

相关研究显示，最小直线长度与车辆在不同圆曲线半径条件下满足运行速度改变的需求、满足驾驶员操控车辆以适应线形变化的需求、满足超高渐变段的需求，以及满足这些变化下驾乘舒适性的需求有关。显然，最小直线长度应选取这四种控制条件中的最大值。

一、计算模型

(1) 不同圆曲线半径条件下满足运行速度改变的需求

圆曲线半径条件下满足运行速度改变需求的最小直线段长度为

$$L_{\text{speed}}=\frac{|V_2^2-V_1^2|}{25.92a} \tag{4.49}$$

式中，L_{speed} 表示车辆速度改变需要的最小直线段长度，单位为 m；V_1 表示车辆出前一段圆曲线到直线段时的运行速度，单位为 km/h；V_2 表示车辆出直线段到后一段圆曲线时的运行速度，单位为 km/h；a 表示车辆在直线段的加/减速度，单位为 m/s^2。

(2) 驾驶员操控车辆以适应线形变化的需求

通常，驾驶员安全顺畅地操控车辆适应线形改变至少需要 6 s 行程。因此，构建此种最小直线长度为

$$L_{\text{vehicle}}=1.67V_1+18a \tag{4.50}$$

式中，L_{vehicle} 表示满足驾驶员对车辆操控的最小直线段长度，单位为 m；V_1 表示车辆出前一段圆曲线到直线段时的运行速度，单位为 km/h；a 表示车辆在直线段的加/减速度，单位为 m/s^2。

(3) 满足超高渐变段的需求

满足超高渐变段需求的最小直线段长度为

$$L_{\text{transition}}=\frac{B'\Delta i}{p} \tag{4.51}$$

式中，$L_{\text{transition}}$ 表示满足超高渐变段需求的最小直线段长度，单位为 m；B' 表示旋转轴至行车道外侧边缘的宽度，单位为 m；Δi 表示超高坡度与路拱坡度的代数差，单位为%；p 表示超高渐变率。

(4) 满足驾乘舒适性的需求

在前后圆曲线方向相同的情况下，短直线相接容易造成驾驶员视觉扭曲、判断失误。研究显示，同向圆曲线间最小直线长度应满足驾驶员视觉舒适性要求，通过透视图试验数据回归分析，得到最小直线长度为

$$L_{\text{sy-diver}}=1808R^{-0.352}+32.48,\ 125\leqslant R\leqslant 600 \tag{4.52}$$

式中，$L_{\text{sy-diver}}$ 表示满足同向曲线驾乘舒适性需求的最小直线段长度，单位为 m；R 表示两个圆曲线中较小的半径，单位为 m。

在前后圆曲线方向相反的情况下，驾驶乘坐舒适性主要与车辆侧向

产生的离心加速度有关，在两个圆曲线间的短直线上行驶，可以类比第三章 6 种 S 形曲线驾驶模拟仿真，将短直线看作缓和曲线 $R=\infty$ 时的极限情况，此时最小直线长度为

$$L_{\text{re-diver}}=\frac{0.0214}{\alpha_s}\left(\frac{V_1^3}{R_1}+\frac{V_2^3}{R_2}\right) \tag{4.53}$$

式中，$L_{\text{re-diver}}$ 表示满足反向曲线驾乘舒适性需求的最小直线段长度，单位为 m；V_1 表示车辆出前一段圆曲线到直线段时的运行速度，单位为 km/h；V_2 表示车辆出直线段到后一段圆曲线时的运行速度，单位为 km/h；R_1 表示前一段圆曲线半径，单位为 m；R_2 表示后一段圆曲线半径，单位为 m；α_s 表示离心加速度变化率，取值范围为 0.5～0.6 m/s^3。

因此，建立最小直线长度模型为

$$L_{\max}\{L_{\text{speed}},\ L_{\text{vehicle}},\ L_{\text{transition}},\ L_{\text{diver}}\} \tag{4.54}$$

二、可靠度计算及分析

构建极限状态方程如下：

$$g(S,D)=S-L_{\min} \tag{4.55}$$

模型中涉及的变量有运行速度、前后圆曲线半径和车辆加/减速性能。为了简化计算模型，假设运行速度服从正态分布统计特征，半径取值服从均匀分布，车辆加/减速度取值范围为 1.5～2.5 m/s^2。

基于 MATLAB 编程实现最小直线蒙特卡罗仿真，程序如下：

```
clear all;
n=10000;
s=9000;
a=2; b=7.5;di=0.08;
  alpha=0.5;
R1=125:5:600;
k=1:0.1:8;
P(1,:)=k;
```

```
for t=1:size(k,2)
for j=1:size(R1,2)
c=sqrt(127*(0.08+0.06)*R1(1,j))+6.67*randn(n,2);
  for i=1:n
     if abs(c(i,1)-c(i,2))>20
          c(i,:)=NaN;
     end
end
cc=c(~any(isnan(c)'),:);
v=cc(1:s,:);
for i=1:s
     if (v(i,1)-v(i,2))<0
          x=v(i,1);
          v(i,1)=v(i,2);
          v(i,2)=x;
     end
end
va=(v(:,1)+v(:,2))/2;
l1=abs(v(:,1).^2-v(:,2).^2)/25.92/a;
l2=1.67*v(:,1)±18*a;
p=0.1707*va.^-0.743;
l3=(b*di./p);
l4=0.0214*(v(:,1).^3+v(:,2).^3)/R1(1,j)/alpha;%反向曲线
l4=1808*R1(1,j)^-0.352+32.48;%同向曲线
L(:,1,j)=l1;
L(:,2,j)=l2;
L(:,3,j)=l3;
L(:,4,j)=l4;
```

```
for i=1:s
    lmin(i,j)=max(L(i,:,j));
end
vaa(:,j)=va;
end
z=(0.9+0.1*t)*vaa-lmin;
P(2,t)=sum(sum(z>0))/s/j;
End
```

蒙特卡罗仿真结果见表 4-11。

表 4-11 两圆曲线间最小直线长度抽样仿真结果

同向圆曲线						反向圆曲线	
最小直线长度（V倍数）/m	成功概率 P_s	最小直线长度（V倍数）/m	成功概率 P_s	最小直线长度（V倍数）/m	成功概率 P_s	最小直线长度（V倍数）/m	成功概率 P_s
2.0	0.00158	3.4	0.59540	4.8	0.86505	1.0	0.00000
2.1	0.01453	3.5	0.62270	4.9	0.87732	1.1	0.00000
2.2	0.05377	3.6	0.64880	5.0	0.88953	1.2	0.00173
2.3	0.11247	3.7	0.67273	5.1	0.90119	1.3	0.06389
2.4	0.17585	3.8	0.69566	5.2	0.91266	1.4	0.22065
2.5	0.23444	3.9	0.71726	5.3	0.92304	1.5	0.42209
2.6	0.28859	4.0	0.73723	5.4	0.93321	1.6	0.63434
2.7	0.33830	4.1	0.75597	5.5	0.94285	1.7	0.80394
2.8	0.38404	4.2	0.77392	5.6	0.95249	1.8	0.90676
2.9	0.42648	4.3	0.79139	5.7	0.96131	1.9	0.95889
3.0	0.46506	4.4	0.80733	5.8	0.96998	2.0	0.98192
3.1	0.50178	4.5	0.82269	5.9	0.97825	2.1	0.99222
3.2	0.53508	4.6	0.83782	6.0	0.98628	2.2	0.99667
3.3	0.56676	4.7	0.85128	6.1	0.99393	2.3	0.99859

注：表中最小直线长度表示为 nV，n 为速度的倍数值即表中的系数。

由蒙特卡罗仿真结果可知，圆曲线间接入一定长度的直线段有利于线形组合整体安全性的提高（见图 4-20）。仿真结果验证了我国《规范》中给出的最小直线长度的可靠性，当同向圆曲线间的最小直线长度达到 6V 时，道路线形的安全水平成功概率达到 98.628%；当反向圆曲线间的最小直线长度达到 2V 时，道路线形的安全水平成功概率达到 98.192%。

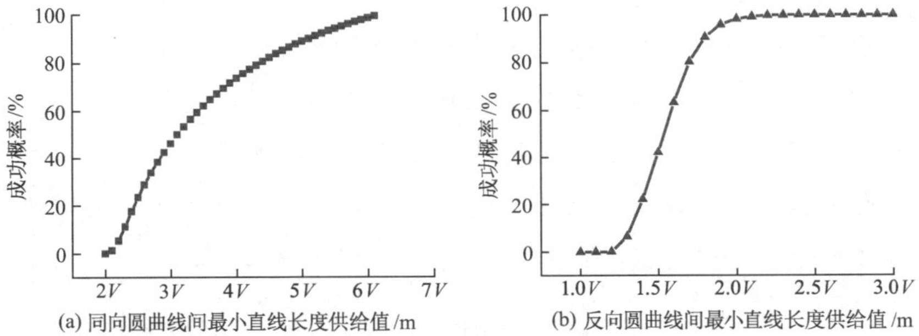

图 4-20　圆曲线间最小直线可靠度计算结果

由图 4-20 可见，我国《规范》中最小直线长度规定取值是合理的，采用可靠度方法对其计算表现出弱约束性，类似的线形指标还有平曲线半径、竖曲线半径、车道宽度等。

第七节　加宽可靠度分析

对于公路弯道加宽，我国目前的《标准》和《规范》只提供了三种简单车型在不同圆曲线半径下的确定性取值，分类跨度小，取值可靠性无法得到考证，存在诸多问题。而当前我国交通状况已发生了巨大变化，随着特种、超常规车辆（如 35 m 长的平板拖车）的出现以及这些车辆在交通组成中比例的增加（部分公路货车比例高达 70%），《规范》中弯道加宽值的使用难以满足需求。但《规范》中加宽值的规定多年未曾优化，对道路加宽设计车辆的计算模型、驾驶员过弯驾驶习惯、车速对车辆轨迹偏移的影响等也缺乏相关研究。因弯道加宽不足而造成的车辆撞击护栏事故频发，引起了越来越多的关注。鉴于此，为保证加宽设计指标具有较高的安全水平，本节用可靠度方法分析加宽取值。

一、计算车型与道路参数

案例选取的研究路段为小半径立交匝道（见图 4-21），交通调查显示，白天时段小客车占该路段交通流量的 50%以上，夜间时段大货车比重超过 40%，可见在混合交通组成中，大货车比重已不容忽视。据调查，我国部分高速公路日交通量中大货车的比重超过 50%，京沪高速公路部分路段大货车比例甚至达到 70%，按照《规范》中早期确定的三种典型车型选用加宽值显然已不能完全保证安全。

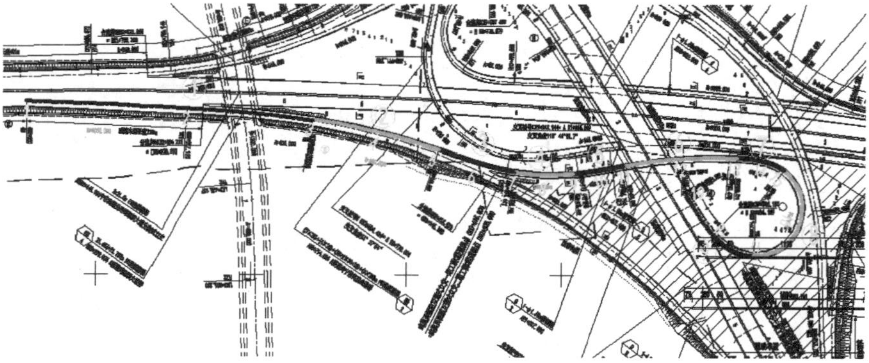

图 4-21　常州某立交小半径匝道

依据现场采集的车辆数据分析，车长超过 14 m（5.2+8.8）的大货车比例约为 35%，有些特种车车长超过 20 m，如图 4-22 所示。因此，引入“最不利车型”概念作为弯道加宽的计算车型。“最不利车型”是指在混合交通流状态下，某公路段出现的较长的车型，其所占比例达到混合交通量的 15%。针对本路段实际情况，选用 WB-19 半挂车作为“最不利车型”（见图 4-23）。

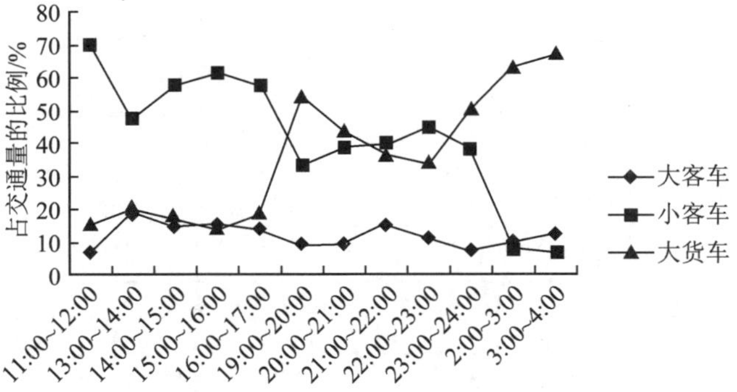

图 4-22 交通组成（按时间）变化图

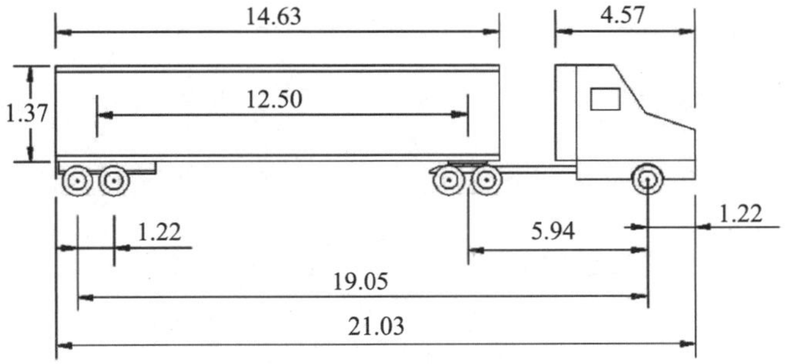

图 4-23 “最不利车型”计算模型（WB-19 半挂车）（单位：m）

以常州某立交小半径匝道为道路模型，选取车长 21.03 m 的铰接大货车（WB-19 半挂车）作为“最不利车型”计算其弯道加宽值。其车型参数：宽度为 2.59 m，轴距为 19.05 m，前悬为 1.22 m，后悬为 0.76 m。道路线形参数：车道宽度为 3.5 m，弯道半径为 60 m，设计车速为 40 km/h，缓和曲线长度分别为 63.916 m 和 120.416 m，圆曲线长度为 153.085 m，超高为 8%。其车辆与道路详细参数值见表 4-12。

表 4-12 车辆及道路线形参数

u	R/m	L_1/m	L_2/m	V_d/(km·h^{-1})	V_r/(km·h^{-1})	N
2.59	60	5.94	12.50	40	0～120	1
F_A/m	F_B/m	Z/m	L/m	W_c/m	W_n/m	C_L/m
0.39	0	0.52	19.05	5.37	3.50	0.65

注：R 表示圆曲线半径；V_d、V_r表示设计速度和行驶速度；L_1、L_2表示设计车辆相邻车轴或连接点之间的轴距；N 表示车道数；F_A、F_B表示汽车前悬、后悬所需的加宽值；Z 表示额外宽裕值；L 表示某一单元车辆轴距；W_c表示曲线段行车道宽度；W_n表示直线段行车道宽度；C_L表示侧向净空。

二、加宽数学模型

弯道加宽的决定因素为道路条件、车辆尺寸、车辆行驶轨迹特征，见表 4-13。

表 4-13 弯道加宽决定因素

决定因素	参数	数值表达式
道路条件	R—圆曲线半径；L_S—缓和曲线长度；L_C—圆曲线长度；θ—平曲线转角；CCR—曲率变化率；N—车道数；W_n—车道宽度	$W_1=NW_n$
车辆尺寸	U—设计车型曲线上的轨迹宽度；F_A—汽车前悬所需的加宽值；F_B—汽车后悬所需的加宽值；Z—弯道额外宽裕值	$W_2=N\left(u+R-\sqrt{R^2-\sum L_i^2}\right)+(N-1)\left(\sqrt{R^2+A(2L+A)}-R\right)$
车辆行驶轨迹特征	V—设计速度；C_L—侧向净空；Δd_{max}—车辆过弯轨迹偏移值	$W_3=0.01\exp\left[a-b\ln\left(\frac{1}{CCR}\right)+c\ln V^2\right]+0.1\left(\frac{V}{\sqrt{R}}\right)+\frac{N(V+90)}{200}$，$\{a,b,c\}\in C$

表 4-13 中，$\exp\left[a-b\ln\left(\frac{1}{CCR}\right)+c\ln V^2\right]$表示车辆过弯时，由于驾驶员操作习惯而产生的车辆切弯行驶轨迹偏移值；a，b，c 表示常量系

数，可以通过数据采集及回归分析获得系数值；轨迹偏移标定值的计算公式为

$$\Delta d_{\max}=0.01\exp\begin{cases}-2.248-1.183\ln\left(\dfrac{1}{\mathrm{CCR}}\right)+0.923\ln V^2, V\in[40,75]\\ -1.211-1.274\ln\left(\dfrac{1}{\mathrm{CCR}}\right)+0.872\ln V^2, V\in(75,100]\\ 1.160-0.744\ln\left(\dfrac{1}{\mathrm{CCR}}\right)+0.444\ln V^2, V\in(100,140]\end{cases} \tag{4.55}$$

式中，$\Delta d_{\max}$表示双车道公路曲线段行车轨迹最大侧向偏移量，单位为 m；V 表示行车速度，单位为 km/h；CCR 表示曲率变化率，单位为 rad/m，计算公式为

$$\mathrm{CCR}=\frac{\theta}{L}=\frac{\left(\dfrac{L_{S1}}{2R}+\dfrac{L_C}{R}+\dfrac{L_{S2}}{2R}\right)}{L_{S1}+L_C+L_{S2}} \tag{4.56}$$

式中，θ 表示平曲线转角，单位为（°）；L 表示平曲线总长度，单位为 m；L_{S1}、L_{S2}表示前、后缓和曲线长度，单位为 m；L_C表示圆曲线长度，单位为 m；R 表示圆曲线半径，单位为 m。车辆过弯轨迹如图 4-24 所示。

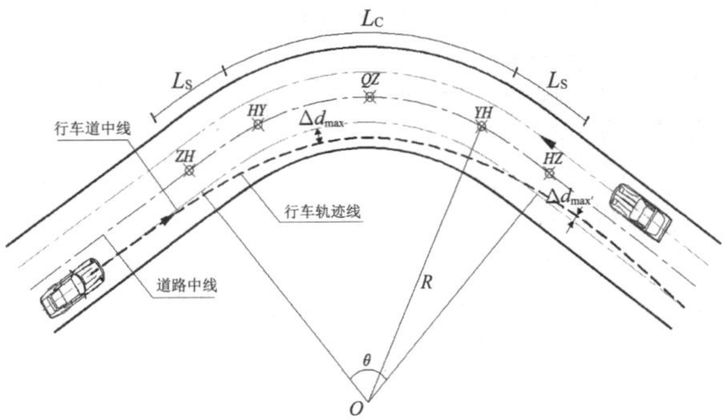

图 4-24　车辆过弯轨迹

适合我国弯道加宽的数值计算公式为

$$w=W_2+W_3-W_1 \tag{4.57}$$

三、可靠度计算及分析

当计算车型及道路参数确定后，表 4-12 中的一些变量值就可以通过计算求得，通过整合公式，弯道加宽值可转化为

$$w=5.705\times 10^{-6}\exp(0.923\ln V^2)+0.018V+1.158 \tag{4.58}$$

由式（4.58）可知，车辆过弯所需要的额外加宽值与运行速度有关，此时速度成为主要考虑的变量。

构建极限状态方程：

$$g(S,D)=S-5.705\times 10^{-6}\exp(0.923\ln V^2)+0.018V+1.158 \tag{4.59}$$

式中，S 表示《规范》中提供的弯道加宽供给值；D 表示运行车辆弯道加宽实际需求值。

基于 MATLAB 程序实现蒙特卡罗仿真计算匝道加宽值的失效概率，程序如下：

```
clear all;
w=@(v)5.705.*10.^-6.*exp(0.923.*log(v.^2))+0.018.*
    v+1.158;
v=43.75+12.28*randn(100000,1);
d=w(v);
s=1:0.01:3.5;
a=length(s);
p(:,1)=s;
for i=1:a
    g=d-s(i);
    p(i,2)=sum(g>0)/length(g);
end
```

选取不同的加宽供给值，仿真计算的结果见表 4-14。

表 4-14 不同加宽供给值的失效概率

加宽供给值/m	失效概率/%	加宽供给值/m	失效概率/%
1.1	0.99995	2.1	0.25426
1.2	0.99974	2.2	0.13311
1.3	0.99841	2.3	0.06028
1.4	0.99371	2.4	0.02236
1.5	0.97848	2.5	0.00698
1.6	0.94254	2.6	0.00211
1.7	0.8691	2.7	0.00055
1.8	0.75167	2.8	8.00E-05
1.9	0.59044	2.9	1.00E-05
2.0	0.41479	3.0	1.00E-08

由蒙特卡罗仿真结果（见图 4-25）可知，当弯道加宽严重不足时（$w<1.5$ m），失效概率值会很大，意味着发生事故是必然事件；当弯道加宽取值达到一定值后（$w>2.5$ m），弯道加宽对交通安全的影响又会变得不显著。因此，在混合交通状态下，选取合适的计算车型进行加宽计算，既能满足交通安全的需求，又能节省工程造价。

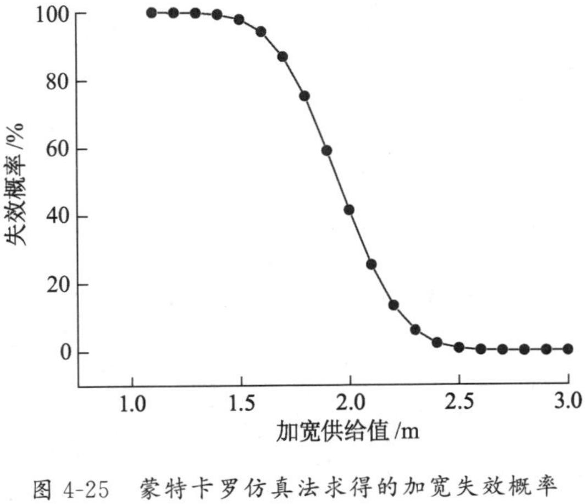

图 4-25 蒙特卡罗仿真法求得的加宽失效概率

为了更加灵活、准确地使用公路加宽，改进我国弯道加宽的计算方法，考虑选用“最不利车型”进行加宽设计，重点分析车辆在弯道上的行驶轨迹偏移对加宽值的影响，最终综合多方因素改进了我国弯道加宽的计算方法，并借助 MATLAB 编程实现加宽的计算机数值计算（见附录 D），从而实现公路弯道加宽的数值计算程序化，方便设计者使用。程序的实现主要由道路参量、车辆参量和行驶动态三部分组成，如图 4-26 所示。

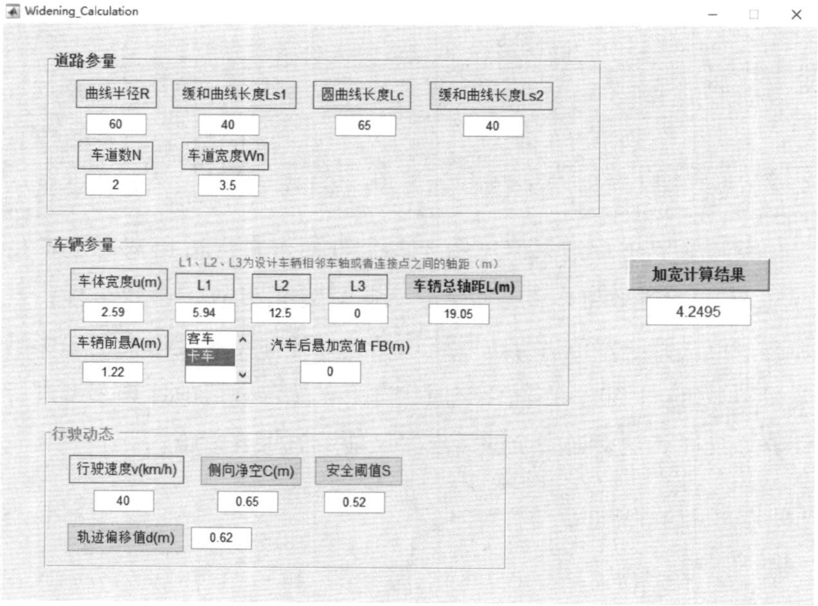

图 4-26　加宽数值计算编程实现

第八节　可靠度方法适用性分析

在可靠度计算过程中，数值计算通常采用一阶或二阶的泰勒级数展开近似求解可靠度指标，这样的方法被称作一次二阶矩法或二次二阶矩法。由于极限状态方程中常出现多个随机变量，一些近似的计算方法被用来简化这一集合的多变量极限状态方程，并对其进行数值处理，尤其是使用一阶可靠度方法对非线性的极限状态方程进行线性化处理，这大大减少了计算的工作量。对比几种常用的可靠度计算方法，总结其适用性如下。

① 一次二阶矩法最早提出和使用求解可靠度指标，此方法概念清晰，计算简便；但对于较低的失效概率（$P_f<10^{-5}$）或高度非线性的功能函数，其实际计算精度可能存在较大误差。当结构可靠度指标较小时，随机变量的概率分布类型对计算结果并不敏感，这对于道路线形参数选用可靠性评价是适用和有效的。

② 改进的一次二阶矩法将泰勒展开的均值点改为设计验算点，不仅克服了均值点处的致命缺点，而且提高了计算精度。

③ 可靠度的计算即求解极限状态方程上点到临界响应面 $g(X)=0$ 的最短距离，不同的近似临界响应面对应了不同的失效概率求解方法。如果临界响应面通过一阶近似获得，此种方法就被称为一阶可靠度方法；如果临界响应面通过二阶近似获得，此种方法就被称为二阶可靠度方法；如果临界响应面通过更高阶近似得到，此种方法就被称为高阶可靠度方法（higher-order reliability method）。二次二阶距法中添加了更高的二阶项，虽然计算工作量显著增加，但计算精度得到了改善。

④ 通常，当极限状态方程为线性方程时，使用一阶或二阶可靠度方法能够获得比较精确的解。但是在实际工程中，极限状态方程一般为非线性方程，此时对于同一个功能函数，使用一阶或二阶可靠度方法可能会得到不同的解集。这是因为一阶或二阶可靠度方法求得的是近似解，在求解过程中误差很可能会被放大，如图 4-27

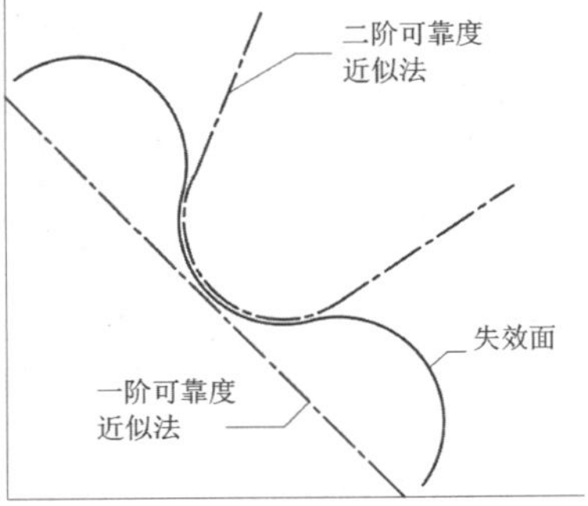

图 4-27　失效面的一阶和二阶可靠度近似求解

所示。在一阶和二阶可靠度计算方法中，临界响应面分别为切平面和曲面近似，因此使用二阶可靠度计算方法求解非线性方程更加精确。

⑤ 抽样法，本节主要介绍蒙特卡罗仿真法。蒙特卡罗仿真法是一种十分有效的可靠度计算方法，其最大的优点是适用于任意分布和非线性功能函数，并且变量的相关性如何不会影响计算的工作量和精度。在大部分情况下，并没有完美的解析式能够直接获得可靠度方程的精确解，因此几乎所有的可靠度方法都有近似解。但蒙特卡罗仿真法也存在局限性，当道路线形参数可靠度分析中失效概率很小（$P_f<10^{-5}$）时，直接使用蒙特卡罗仿真法可能存在较大的误差，此时需要寻找精确度更高的抽样方法。

可靠度理论对道路线形设计指标的适用性显然存在强约束性和弱约束性关系，通过对上述平、纵、横指标的分析，可以总结出道路线形设计指标采用可靠度的相关性（见表 4-15）。

表 4-15 可靠度方法对道路设计指标变量的约束力

序号	可靠度方法适用性	设计指标	序号	可靠度方法适用性	设计指标
1	强约束	运行速度	9	强约束	竖向净空
2		曲率	10		侧向净空
3		曲率变化率	11	弱约束	直线长度
4		纵坡坡度	12		平曲线半径
5		坡长	13		缓圆比
6		超高	14		竖曲线半径
7		加宽	15		车道宽度
8		停车视距	16		硬路肩宽度

第九节 本章小结

本章基于可靠度理论及方法论述了道路线形指标选用概率计算的可行性和适用性，并以准临界纵坡坡长、最小直线长度和横断面加宽为例分别研究了道路平、纵、横线形中三个重要指标的可靠度取值。研究解释了传统设计方法中确定性设计理念该如何向极限状态下概率设计理念改进。显然，新的设计方法能够有效量化规范中指标参数的选用。两种可靠度方法的应用，验证了可靠度理论适用于坡长、加宽等这类存在变量指标组合的线形设计问题，且结果能满足一定的工程精度。对于平、纵、横线形中三个重要设计指标的计算，有以下几点总结：

① 我国《规范》缺乏对设计指标一般取值选用的约束，利用可靠度方法计算纵坡坡长显示我国混合交通下的高速公路纵坡坡长上限值偏高；本章基于可靠度计算给出了各种坡度条件下的坡长的计算结果，改进了《规范》中部分未明确约束的指标值（准临界值）的选用。这既能保证选用的指标值安全可靠，又能达到较好的效益成本比，还能避免“恶意透支”使用规范指标值的风险；最终提出准临界状态下，坡长的可靠度建议值，并实现了计算机程序化。

② 利用可靠度计算求解最小直线长度，验证了我国《规范》中指标极限值的安全水平；在保证一定安全水平的基础上，也可适当减小最小直线长度的取值，这样能够减少不必要的工程量和对周围环境的干扰。

③ 优化弯道加宽计算模型，将车辆行驶中的运动特性融入计算模型，更加有利于真实反映车辆过弯行驶的轨迹状态；使用蒙特卡罗抽样仿真法计算加宽供给值的失效概率，为设计者提供了明确的加宽取值；对可靠的加宽计算值进行程序化和自动计算，方便工程设计人员使用。

④ 在充分了解所构建的极限状态方程包含的随机变量的分布情况

及数值求解的难度的基础上选用可靠度方法。当极限状态方程为线性函数，且满足随机变量相互独立时，使用一阶可靠度方法能够得到精确的解；而对于高度非线性的极限状态方程，或随机变量高度相关的函数，应选用更高阶的可靠度方法或蒙特卡罗仿真法。

显然，线形指标值选用的概率计算更能满足真实的需求，在保证一定安全水平的基础上实现工程的经济效益，正如运行速度概念的提出，能在保证第 85 百分位速度安全的情况下达到较好的效益成本比。将概率设计理念引入道路线形设计中，无疑是一种进步的思想。但可靠度方法的应用需要构建指标需求值与供给值之间的极限状态方程，通过数值计算或仿真手段得到该指标的概率值，这种指标值的概率计算需要知道其他指标值（变量）的统计信息，这说明可靠度方法比较适用于标定单个指标的阈值。因此，可靠度理论可以用来修订《规范》中未作约束的一般参数值的选用，以提供连续可靠的概率值。

05

第　五　章

基于三维空间连续性的道路线形指标评价

单个设计指标的可靠度计算与参数优化有利于设计者对某一基本线形组合的安全性进行评判；对道路三维真实运行状态的描述，还需要从三维空间线形组合后的整体上去研究其安全水平。基于此思想，本章考虑道路线形空间连续性特征评价线形指标选用的安全性。

道路线形设计的空间安排与布置应适应地形特征，包括水平线形、竖曲线、纵向和横向坡度、路面宽度、道路交叉口以及其他一些附属设施等，其设计指标的选用及组合会显著影响公路的运营安全及通行能力。道路线形设计的相关研究已历经多年，发达国家早期的研究目标被简化为在两点之间找到一条成本低、效益高的连接线，即道路选线研究。20 世纪 30—40 年代，国家级的道路设计标准、政策研究及指南被引入道路线形设计以提高整条道路设计的一致性与明确性。到 20 世纪 70 年代，相关研究转入道路线形动态化设计以谋求更好的道路安全性。此时公路工程设计被建议应符合驾驶员行为与车辆的特性，也就是说，在一个广泛的道路运营条件下，对于不同的驾驶员，公路路线设计均能保证道路安全性，且道路线形设计元素（包括平、纵、横断面各参数）都应合理地满足驾驶员对于行车安全、舒适和便捷的需求。

驾驶员在行车时应自然地被引导感知前方道路条件的变化，即满足道路实际状况与驾驶员经验判断相一致的要求。在交通运营特征与驾驶员经验判断的基础上，道路线形的一致性应贯穿整条道路设计。但目前的设计理念和方法还是将道路的平面、纵断面和横断面分离为各自独立的二维设计元素，这显然不利于评价道路线形空间运行表现。为了从整体上展现道路运行状态，还需要进一步研究线形的空间模型及评价标准。

第一节　道路三维线形设计的发展

在道路线形设计中，线形组合是一个重要的设计任务。由于三维道路设计的复杂性及技术手段的限制，两阶段道路设计被广泛使用，这种设计实际是一种二维手段。在两阶段中，定量的参考值被选作设计指标以满足各个阶段的基本安全设计与舒适性要求；然而，对于组合后的空间线形，现有的研究主要集中在定性分析研究上。

目前，道路线形设计质量评价研究已经历了几个阶段，在早期，依据设计规范列出清单进行安全审查是一种实用有效的评价方法，当所有设计指标都满足设计标准时，则该设计认为是安全可靠的设计。如美国联邦公路局组织开发的交互式公路安全设计模型（interactive highway safety design model，IHSDM）提供了设计标准审查模块。

研究发现，道路线形设计一致性评价是更加重要的道路线形评价方法，因为只考虑单个指标满足规范要求不能完全保证线形组合后三维状态下的流畅性或连续性。平纵线形的协调性设计被认为是一个关键的步骤，并应该在道路初步设计时就进行。为此，IHSDM 也提供了设计一致性评价模块（design consistency evaluation module)。同时重点开展交通量与事故一致性、运行速度一致性、车辆稳定性与驾驶员工作负荷一致性、道路设计元素一致性、视距一致性等相关研究，用于评价道路线形设计的合理性。

视距作为一个非常重要的设计指标，被认为是一种有效评价道路线形设计的手段。例如：基于有限元法提出一种新的曲线参数模型来判断三维平纵组合的有效视距；根据汽车前灯照射视距模型来保证驾驶的安全性；使用可靠度分析方法计算视距不足的风险概率等。

然而，基于三维的道路线形设计及安全评价是一个长期的难题，目前还没有令人满意的实施手段，主要困难在于如何综合考虑平面与纵断面设计的协调性。一些研究试图探索道路线形组合的协调性问题，利用参数表示构建公路三维线形是优化道路线形设计的一种重要手段。基于多因素框架，一些优化模型也被发展用于优化公路三维线形，如基于基因算法、双目标优化框架等。可视化技术或使用航空拍摄计算机图像等技术被用于构建三维道路模型。这些三维手段为设计者提供了一种可视化的虚拟手段来检查道路线形设计。此外，空间曲线拟合也是一种可尝试的手段。

从三维设计角度来看，尽管曲线可以任意地在空间延伸，但公路的设计仍然需要遵从一定的线形规范的约束。目前道路线形传统设计包括平面设计和纵断面设计，共计 5 种线形设计元素，分别为：平面内切线（直线）、缓和曲线（螺旋线）和圆曲线；纵断面内切线和竖曲线（抛物线）。之前的研究主要集中在道路线形以外的定性分析，如利用工程经验、多目标优化、线形拟合等，对空间线形组合自身数学特征及物理性质的探究较为少见。目前道路线形一致性评价还是基于二维平面进行的，这显然忽略了道路线形三维的本质特征。本章基于道路线形空间曲率和挠率性质提出一种定量的分析方法来评价线形与事故率之间的关系；基于空间曲线几何特征构建道路线形参数方程，并利用其数学特征评价线形与事故率之间的关系，试图找到一种定量的途径优化道路线形设计。

第二节　道路线形三维模型

一、空间曲线基本性质

在道路线形设计中，5 种线形元素的排列组合构成了空间路径设计，其基本的组合形式有 6 种，见表 5-1。

表 5-1　道路线形空间组合形式

序号	平面线形	纵断面线形	线形组合	空间形状
1	直线	直线	直线 &[†]直线	直线
2		抛物线	直线 & 抛物线	凸/凹抛物线
3	螺旋线	直线	螺旋线 & 直线	锥形螺旋线
4		抛物线	螺旋线 & 抛物线	锥形螺旋线
5	圆曲线	直线	圆曲线 & 直线	柱形螺旋线
6		抛物线	圆曲线 & 抛物线	柱形螺旋线

注：符号 &[†]表示两种线形的空间叠加。

如图 5-1 所示，设空间曲线任一点的坐标为（x，y，z），其坐标点的参数方程可以表达为

$$r(x,y,z)=[F_x(l),F_y(l),F_z(l)] \tag{5.1}$$

式中，l 表示空间曲线的弧长，对应公路的里程桩号。

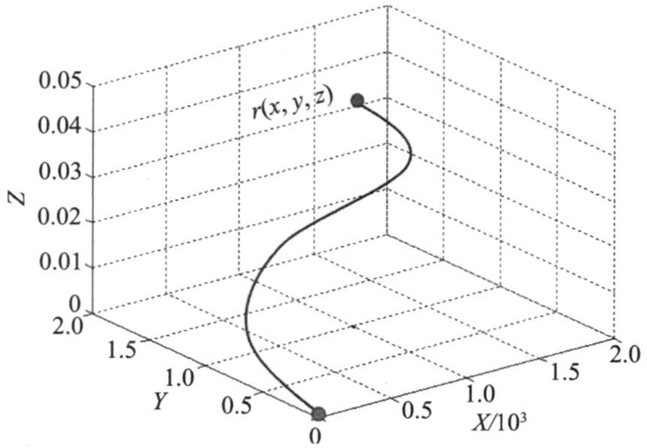

图 5-1　道路线形空间描述

6 种基本形式的线形空间组合参数表达式如下。

(1) 直线

二维平面中的直线参数表达式为

$$\begin{cases} x=x_0+l\cos\alpha \\ y=y_0+l\sin\alpha \end{cases} \tag{5.2}$$

式中，x_0，y_0 表示直线段的计算起点；l 表示点到起点的距离，单位为 m；α 表示直角坐标系中直线与 X 轴间的夹角，单位为（°）。

如果考虑在三维直角坐标空间（R^3）中，平面直线与竖向切线组合，那么其参数方程可以写成

$$\begin{cases} x=x_0+l\cos\alpha \\ y=y_0+l\sin\alpha \\ z=z_0+li \end{cases} \tag{5.3}$$

式中，x_0，y_0，z_0 表示坐标系中空间直线的起点；i 表示纵断面切线的坡度，单位为%。

(2) 缓和曲线

通常，缓和曲线选用回旋线作为过渡曲线，其曲率半径不同于直线段的无穷大，也不同于圆曲线的半径倒数，回旋线的曲率半径是从直线段∞连续变化到圆曲线$\frac{1}{R}$$\left(即\infty\rightarrow\frac{1}{R}\right)$，这也是选用缓和曲线的意义，即设置一个过渡实现车辆转弯的连续变化。回旋线上任一点的曲率半径沿着空间曲线方向与距离呈反向变化。

若定义 l 为回旋线的长度，其起点从一个直线段末端开始，r 表示回旋线任一点的相应半径，β 表示回旋线的偏转角，单位为 rad，则回旋线参数 A 可表示为

$$\begin{aligned} &A^2=lr=\frac{l^2}{2\beta}=2\beta r^2 \\ &\beta=\frac{l^2}{2A^2} \end{aligned} \tag{5.4}$$

参照微积分基本定理，回旋线的几何关系为

$$\begin{cases} \mathrm{d}l=\rho\mathrm{d}\beta \\ \mathrm{d}x=\mathrm{d}l\cos\beta \\ \mathrm{d}y=\mathrm{d}l\sin\beta \end{cases} \tag{5.5}$$

定义一个积分区间 [0，l]，则缓和曲线二维坐标系中的参数方程为

$$\begin{cases} x=\int_0^l\cos\beta\mathrm{d}l=\int_0^l\cos\frac{l^2}{2A^2}\mathrm{d}l \\ y=\int_0^l\sin\beta\mathrm{d}l=\int_0^l\sin\frac{l^2}{2A^2}\mathrm{d}l \end{cases} \tag{5.6}$$

(3) 圆曲线

圆曲线是最常用的平面线形元素，用于连接两条相交直线段，其参数方程为

$$\begin{cases} x=m+R\cos\theta=m+R\cos\frac{1}{R} \\ y=n+R\sin\theta=n+R\sin\frac{l}{R} \end{cases} \tag{5.7}$$

式中，(m, n) 表示圆心坐标；R 表示圆曲线半径；θ 表示方位角。

（4）抛物线

竖曲线是连接相邻纵坡的一个过渡段，其作用是确保线形的平顺连接以及满足安全的驾驶视距。竖曲线常采用抛物线。抛物线方程为

$$z=al^2+bl \tag{5.8}$$

式中，l 表示抛物线基点到计算点的长度。

抛物线上每一点的切线方程为

$$z'=2al+b$$

假设抛物线的起点坐标为 (l_0, z_0)，i_1 和 i_2 分别表示变坡点前后切线的坡度，S 表示抛物线的总长度，则式（5.8）中的两个系数可表示为

$$a=\frac{i_2-i_1}{2S},\quad b=i_1$$

抛物线方程可表示为

$$z=z_0+\frac{i_2-i_1}{2S}l^2+i_1l \tag{5.9}$$

二、道路线形三维参数模型

道路线形的 6 种空间组合形式如图 5-2 和表 5-2 所示。

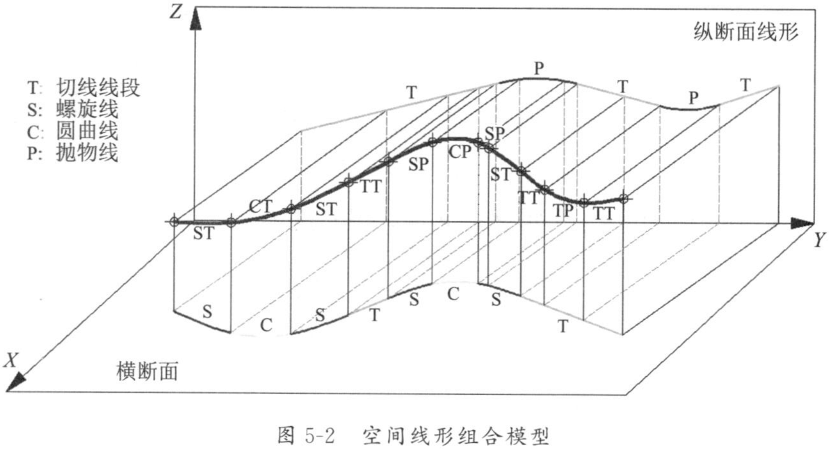

图 5-2　空间线形组合模型

表 5-2 道路线形组合形式

序号	类型	水平线元	纵向线元	参数方程
1	TT	直线	直线	$(x_0+l\cos\alpha, y_0+l\sin\alpha, z_0+li)$
2	TP		抛物线	$\left(x_0+l\cos\alpha, y_0+l\sin\alpha, z_0+\frac{i_2-i_1}{2S}l^2+i_1l\right)$
3	ST	回旋线	直线	$\left(\int_0^l \cos\frac{l^2}{2A^2}\mathrm{d}l, \int_0^l \sin\frac{l^2}{2A^2}\mathrm{d}l, z_0+li\right)$
4	SP		抛物线	$\left(\int_0^l \cos\frac{l^2}{2A^2}\mathrm{d}l, \int_0^l \sin\frac{l^2}{2A^2}\mathrm{d}l, z_0+\frac{i_2-i_1}{2S}l^2+i_1l\right)$
5	CT	圆曲线	直线	$\left(m+R\cos\frac{l}{R}, n+R\sin\frac{l}{R}, z_0+li\right)$
6	CP		抛物线	$\left(m+R\cos\frac{l}{R}, n+R\sin\frac{l}{R}, z_0+\frac{i_2-i_1}{2S}l^2+i_1l\right)$

基于上述 6 种线元的组合，可以用参数表示道路线形空间任一点的坐标。例如，平面缓和曲线或圆曲线与纵向的抛物线组合（SP 或 CP），其空间参数方程表达式为

$$r_{\mathrm{SP}}(l):\begin{cases}x=m+R\cos\frac{l}{R}\\ y=n+R\sin\frac{l}{R}\\ z=z_0+\frac{i_2-i_1}{2S}l^2+i_1l\end{cases}\quad 或\ r_{\mathrm{CP}}(l):\begin{cases}x=\int_0^l\cos\frac{l^2}{2A^2}\mathrm{d}l\\ y=\int_0^l\sin\frac{l^2}{2A^2}\mathrm{d}l\\ z=z_0+\frac{i_2-i_1}{2S}l^2+i_1l\end{cases} \tag{5.10}$$

第三节 设计指标

尽管两阶段设计方法在空间上能够保证道路线形视觉上的连续性，但在各组合线元拼接上可能无法保证运行速度、车辆操控、驾驶员心理

预期等方面的连续性。因此，线形设计一致性还需要进一步研究。

一、几何连续性

在空间曲线的几何特征描述上，对于单一的曲线形式可以用两个相对不变的物理量来表示线形的走向和弯曲程度，即曲率和挠率。在曲线具有明确函数表达式时，可求得函数曲率和挠率对应的空间表达式以刻画空间曲线组合的连续性。本章将利用空间参数曲线的曲率和挠率变化情况评价空间线形的连续性。

（1）曲率

曲线的曲率 κ 的推导过程见式（5.11）～式（5.15），方程中 z 项表示曲率计算是空间曲率计算，如果没有 z 项，那么表示曲率计算只是基于平面内曲线的曲率计算。在平面曲线上，曲率表示某个点的切线方向角对弧长的转动率，表明曲线偏离该点切线的程度或在数学上表明曲线在某一点的弯曲程度的数值。因此，如果曲率值为 0，那么该线形元素为直线。

曲率能够定义为

$$\kappa=\lim_{\Delta l\to 0}\left|\frac{\Delta\theta}{\Delta l}\right|=\frac{\mathrm{d}T}{\mathrm{d}l} \tag{5.11}$$

式中，T 表示切向量；l 表示参数弧长。

空间曲线参数方程及其一阶/二阶导数求解如下：

$$\begin{cases} r=r\ (l) \\ r'=\dfrac{\mathrm{d}r}{\mathrm{d}l}\dfrac{\mathrm{d}l}{\mathrm{d}t}=\dot{r}\dfrac{\mathrm{d}l}{\mathrm{d}t} \\ r''=(\dot{r})'\dfrac{\mathrm{d}l}{\mathrm{d}t}+\dot{r}\dfrac{\mathrm{d}^2 l}{\mathrm{d}t^2}=\dfrac{\mathrm{d}\dot{r}}{\mathrm{d}l}\left(\dfrac{\mathrm{d}l}{\mathrm{d}t}\right)^2+\dot{r}\dfrac{\mathrm{d}^2 l}{\mathrm{d}t^2}=\ddot{r}\left(\dfrac{\mathrm{d}l}{\mathrm{d}t}\right)^2+\dot{r}\dfrac{\mathrm{d}^2 l}{\mathrm{d}t^2} \end{cases} \tag{5.12}$$

式中，$\dot{r}$ 表示单位切向量；$\ddot{r}$ 表示单位切向量对弧长的一阶导数，即曲率 κ。

$$|r'\times r''|=\left|\dot{r}\frac{\mathrm{d}l}{\mathrm{d}t}\times\left[\ddot{r}\left(\frac{\mathrm{d}l}{\mathrm{d}t}\right)^2+\dot{r}\frac{\mathrm{d}^2 l}{\mathrm{d}t^2}\right]\right|=|\dot{r}||\ddot{r}|\left(\frac{\mathrm{d}l}{\mathrm{d}t}\right)^3\sin\theta \tag{5.13}$$

可知，$|\dot{r}|=1$，$\dot{r}\perp\ddot{r}$，$\frac{\mathrm{d}l}{\mathrm{d}t}=|r'|$，将式（5.11）代入式（5.13），可得

$$|r'\times r''|=\kappa|r'|^3 \tag{5.14}$$

因此，空间曲线参数方程的曲率可写成

$$\begin{aligned}\kappa(l)&=\frac{|r'(l)\times r''(l)|}{|r'(l)|^3}\\&=\frac{\sqrt{(y'z''-y''z')^2+(z'x''-z''x')^2+(x'y''-x''y')^2}}{(x'^2+y'^2+z'^2)^{\frac{3}{2}}}\end{aligned} \tag{5.15}$$

式中，$x'=\frac{\mathrm{d}x}{\mathrm{d}l}$，$x''=\frac{\mathrm{d}^2 x}{\mathrm{d}l^2}$。

相比平面内曲线曲率存在正负号相反的方向，空间内曲线曲率值总是正值，因为在空间中曲线被认为可以向任意方向弯曲。平面内曲线任一点的切向量既可沿顺时针转动，也可沿逆时针转动，这两个方向分别对应曲率的正值和负值；空间中的曲线上任一点的切向量可以绕任意方向旋转，因此空间曲率被定义为只有弯曲程度大小没有方向的值，其任意曲线拐点不能被描述为曲率变化的方向的改变。

从几何意义上讲，曲率表示单位切向量沿着曲线方向移动速度快慢的一种度量；从物理意义上讲，曲率表示一条曲线在空间上的弯曲程度。曲线上某一点的曲率倒数被定义为该点的曲率半径，其表达式为

$$\rho=\frac{1}{\kappa} \tag{5.16}$$

曲率被认为是反映曲线偏离切线方向的一种度量，当曲率值为 0 时，切向量方向不变，曲线方向保持在直线上。换句话说，如果曲率值很大，那么切向量方向的改变速度很快；一个无穷大的曲率就像一个尖点，代表曲线在此处是一个断点（不连续）。

(2) 挠率

挠率 τ 是空间曲线的另一个特征参量，其绝对值被用来度量曲线上邻近两点的次法向量之间的夹角对弧长的变化率，即在三维欧式坐标中曲线绕平面扭动的趋势。平面曲线是挠率恒为 0 的曲线；空间曲线若不落在一平面上，则称为挠曲线。对于曲线的参数方程，其曲率推导过程见式（5.17）～式（5.21）。曲线参数方程的一阶至三阶导数求解如下：

$$\begin{cases} r' = \dot{r}\dfrac{\mathrm{d}l}{\mathrm{d}t} \\ r'' = \ddot{r}\left(\dfrac{\mathrm{d}l}{\mathrm{d}t}\right)^2 + \dot{r}\dfrac{\mathrm{d}^2 l}{\mathrm{d}t^2} \\ r''' = \dddot{r}\left(\dfrac{\mathrm{d}l}{\mathrm{d}t}\right)^3 + 3\ddot{r}\dfrac{\mathrm{d}l}{\mathrm{d}t}\dfrac{\mathrm{d}^2 l}{\mathrm{d}t^2} + \dot{r}\dfrac{\mathrm{d}^3 l}{\mathrm{d}t^3} \end{cases} \tag{5.17}$$

参照弗莱纳公式（Frenet-Serret formulas），$\boldsymbol{\gamma} = \boldsymbol{\alpha} \times \boldsymbol{\beta}$，挠率 τ 公式推导如下：

$$\tau(l) = -\dot{\gamma} \times \boldsymbol{\beta} = \gamma \times \dot{\beta} = (\boldsymbol{\alpha} \times \boldsymbol{\beta}) \times \left(\frac{1}{\kappa}\dot{\alpha}\right)^{\cdot} \tag{5.18}$$

式中，$\boldsymbol{\beta} = \dfrac{\ddot{r}}{|\ddot{r}|} = \dfrac{\dot{\alpha}}{|\dot{\alpha}|} = \dfrac{\dot{\alpha}}{\kappa}$；$\boldsymbol{\alpha}$，$\boldsymbol{\beta}$，$\boldsymbol{\gamma}$ 分别表示单位切向量、主法向量和次法向量。式 5.18 可转化为

$$\begin{aligned} \tau(l) &= \left[\alpha \times \frac{1}{\kappa}\dot{\alpha} \times \left(\frac{1}{\kappa}\right)^{\cdot}\dot{\alpha} + \frac{1}{\kappa}\ddot{\alpha}\right] \\ &= (\dot{\gamma} \times \frac{1}{\kappa}\ddot{\gamma}) \times \left[\left(\frac{1}{\kappa}\right)^{\cdot}\ddot{\gamma} + \frac{1}{\kappa}\dddot{\gamma}\right] \\ &= \frac{(\dot{\gamma}, \ddot{\gamma}, \dddot{\gamma})}{\kappa^2} \end{aligned} \tag{5.19}$$

将式（5.17）代入式（5.19）可得

$$
\begin{aligned}
\tau(l) &= \frac{1}{\kappa^2}(\dot{\gamma}\times\ddot{\gamma}\times\dddot{\gamma}) = \frac{1}{\kappa^2}\left[r'\frac{\mathrm{d}t}{\mathrm{d}l}\times r''\left(\frac{\mathrm{d}t}{\mathrm{d}l}\right)^2\right]\times r'''\left(\frac{\mathrm{d}t}{\mathrm{d}l}\right)^3 \\
&= \frac{\left(\frac{\mathrm{d}t}{\mathrm{d}l}\right)^6(r',r'',r''')}{\frac{(r'\times r'')^2}{(r')^6}} = \frac{(r',r'',r''')}{(r'\times r'')^2} = \frac{(r'\times r'')\times r'''}{(r'\times r'')^2}
\end{aligned}
\tag{5.20}
$$

因此，空间曲线挠率可以写成

$$
\begin{aligned}
\tau(l) &= \frac{[r'(l)\times r''(l)]\times r'''(l)}{|r'(l)\times r''(l)|^2} \\
&= \frac{(y'z''x'''-y''z'x''')+(z'x''y'''-z''x'y''')+(x'y''z'''-x''y'z''')}{(y'z''-y''z')^2+(z'x''-z''x')^2+(x'y''-x''y')^2}
\end{aligned}
\tag{5.21}
$$

式中，$x'''=\frac{\mathrm{d}^3 x}{\mathrm{d}l^3}$。

从物理意义上讲，挠率是密切平面（空间直角坐标系中对应于 XY 平面）关于控制参数 l（对应于公路桩号位置）变化率的一种度量，其密切平面被定义为曲线切向量与法向量构成的平面，表示为 $T=\left[\frac{\mathrm{d}x}{\mathrm{d}l},\frac{\mathrm{d}y}{\mathrm{d}l},\frac{\mathrm{d}z}{\mathrm{d}l}\right]$和 $N=\frac{\frac{\mathrm{d}T}{\mathrm{d}l}}{\left|\frac{\mathrm{d}T}{\mathrm{d}l}\right|}$，如图 5-3 所示。因此，一个恒为 0 的挠率表示曲线在平面内或平面曲线没有挠率值。

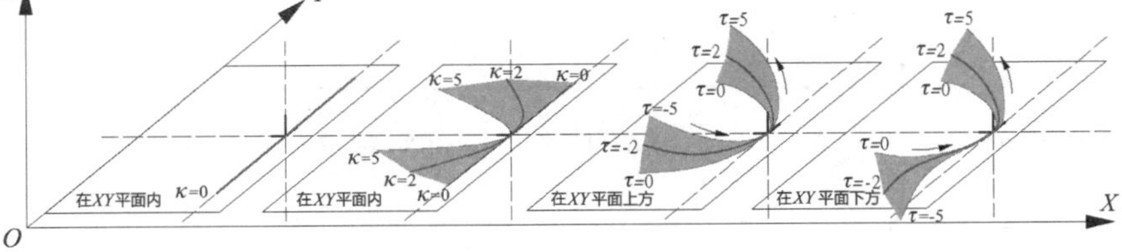

图 5-3 空间曲线曲率与挠率位置关系

结合公路 6 种空间线元组合的参数方程，表 5-3 详细计算了各种情况下曲线的曲率和挠率，这样的参数表示为空间曲线线形的理解提供了有价值的几何描述。

表 5-3　空间线形曲率与挠率计算

序号	类型	参数方程	曲率	挠率
1	TT	$\begin{pmatrix} x_0+l\cos\alpha \\ y_0+l\sin\alpha \\ z_0+li \end{pmatrix}$	0	0
2	TP	$\begin{pmatrix} x_0+l\cos\alpha \\ y_0+l\sin\alpha \\ z_0+\frac{i_2-i_1}{2S}l^2+i_1l \end{pmatrix}$	$\frac{\gamma}{[1+(\gamma l+i_1)^2]^{3/2}}$	0
3	ST	$\begin{pmatrix} \int_0^l \cos\frac{l^2}{2A^2}\mathrm{d}l \\ \int_0^l \sin\frac{l^2}{2A^2}\mathrm{d}l \\ z_0+li \end{pmatrix}$	$\frac{l}{A^2(1+i^2)}$	$\frac{li}{A^2(1+i^2)}$
4	SP	$\begin{pmatrix} \int_0^l \cos\frac{l^2}{2A^2}\mathrm{d}l \\ \int_0^l \sin\frac{l^2}{2A^2}\mathrm{d}l \\ z_0+\frac{i_2-i_1}{2S}l^2+i_1l \end{pmatrix}$	$\frac{\sqrt{\left(\frac{l}{A^2}\right)^2[1+(\gamma l+i_1)^2]+\gamma^2}}{[1+(\gamma l+i_1)^2]^{3/2}}$	$\frac{\left(\frac{l}{A^2}\right)^3(\gamma l+i_1)-\frac{1}{A^2}\gamma}{\left(\frac{l}{A^2}\right)^2[1+(\gamma l+i_1)^2]+\gamma^2}$
5	CT	$\begin{pmatrix} m+R\cos\frac{l}{R} \\ n+R\sin\frac{l}{R} \\ z_0+li \end{pmatrix}$	$\frac{1}{R(1+i^2)}$	$\frac{i}{R(1+i^2)}$
6	CP	$\begin{pmatrix} m+R\cos\frac{l}{R} \\ n+R\sin\frac{l}{R} \\ z_0+\frac{i_2-i_1}{2S}l^2+i_1l \end{pmatrix}$	$\frac{\sqrt{\left(\frac{1}{R^2}\right)^2[1+(\gamma l+i_1)^2]+\gamma^2}}{[1+(\gamma l+i_1)^2]^{3/2}}$	$\frac{(\gamma l+i_1)}{R[1+(\gamma l+i_1)^2+R^2\gamma^2]}$

表中，$\gamma=\frac{i_2-i_1}{S}$表示纵坡坡度改变率；S 表示竖曲线长度；i_1和i_2分别表示竖向变坡点前后坡度；i_2-i_1表示坡度代数差。

二、相关性分析

交通事故受多种因素影响，如驾驶员、车辆、道路及环境等，大部分事故由多种因素叠加导致。研究发现，交通事故致因中包含驾驶员错误行为因素的事故比例超过 80%，而包含道路及环境因素的事故比例低于 40%。然而，在行驶过程中，驾驶员的操作行为总是受到道路及环境的影响，显然不良的道路设计容易导致驾驶员犯错误，带来交通安全隐患。因此，道路线形设计中平纵线形协调性对交通运行安全起关键作用，道路线形空间的连续性（一致性）应能够确保驾驶员安全地操控车辆。

为了梳理由道路线形设计不良因素导致的事故，本书收集了 21 条公路的事故数据，并分析事故原因。6 种线形组合下，主要事故形式的详细描述见表 5-4。

表 5-4 线形组合事故相关性分析

序号	类型	事故原因	主要事故形式
1	TT	长直线设计易导致驾驶员疲劳和打盹，易超速	碰撞，追尾
2	TP	坡顶段视距不足	正面碰撞，刮擦
3	ST	速度变化，曲率/挠率变化	翻车，冲出车道，撞击护栏
4	SP	曲率/挠率变化，速度差，视距不足	追尾，正面碰撞，翻车，冲出车道，撞击护栏，刮擦
5	CT	速度变化，曲率/挠率变化	翻车，冲出车道，撞击护栏
6	CP	视距不足，速度差，曲率/挠率变化	追尾，正面碰撞，翻车，冲出车道，撞击护栏，刮擦

统计显示，在不同的线形组合下，事故率及事故形式有明显区别。平曲线段和竖曲线段是事故高发位置，这两个路段的曲率/挠率变化较大，需要驾驶员有预知路况和信息处理的能力；经过这两个路段时，驾驶员对车辆的操作动作更大、操作频率更高。

三、评价模型

为了确定道路线形变化与事故率之间的关系，将待评价的公路按照前面所述的空间线形组合形式划分成若干公路段，用曲率/挠率变化对百万车公里事故率的相关特征方程来评价道路线形设计质量。

(1) 局部评价

相邻段曲率/挠率差计算公式为

$$\Delta x_i = |\overline{x}_i - \overline{x}_{i-1}| \propto \mathrm{CR}_i, i \in [1, +\infty) \tag{5.22}$$

式中，Δx_i 表示相邻线形组合路段 i 和 $i-1$ 的曲率/挠率差；$\overline{x}_i$ 和 $\overline{x}_{i-1}$ 分别表示第 i 段、第 $i-1$ 段曲线的曲率/挠率平均值；CR_i 表示第 i 段包含道路线形致因的事故率；符号 $\propto$ 表示 Δx_i 和 CR_i 之间具有一定的相关性。

用百万车公里事故数换算表示事故率，计算结果显示每一种组合线形都会有对应的事故率值，即 $\Delta \kappa_i / \Delta \tau_i \rightarrow \mathrm{CR}_i$，其中 $\Delta \kappa_i / \Delta \tau_i$ 表示路段 i 和 $i-1$ 的曲率/挠率差。通过对比分析，能够判断平纵线形组合的协调性。

(2) 整体评价

对于整条道路线形，空间曲线曲率/挠率的代数均值可以计算求得：

$$\overline{x} = \frac{\sum_{i=1}^{n} x_i}{n} \tag{5.23}$$

其标准差可以表示为

$$\sigma = \sqrt{\frac{1}{n} \sum_{i=1}^{n} (x_i - \overline{x})^2} \tag{5.24}$$

为了评价每个空间线元组合的概率分布离散程度，引入其平均变异系数来判断线元组合与事故率的相关性，计算公式为

$$\mathrm{CV} = \frac{\sigma}{\overline{x}} \tag{5.25}$$

式 (5.25) 的计算结果在一定程度上能反映平纵线形组合的协调性，从而为进一步调整改进线形设计提供依据。

第四节 安全评价分析

本节研究收集了21条公路的设计文件与事故数据，将每一条道路按照模型中的划分规则划分为若干组合线元；通过统计及回归分析，确定因线形设计不利导致的事故数。利用局部和整体两种评价方法对道路线形的曲率/挠率变化与事故率的关系进行研究。

收集了21条公路近5年的事故数据，公路总里程约1072.07千米，共划分了1345个空间曲线段，路段划分如图5-4所示。通过对事故致因数据的分析可知，有些事故与道路线形变化无关或相关性很弱，应在统计模型中剔除，如雨天侧滑或翻车；此外，一些特征点不具有统计意义的事故也应被剔除，以保证事故与线形的相关性。

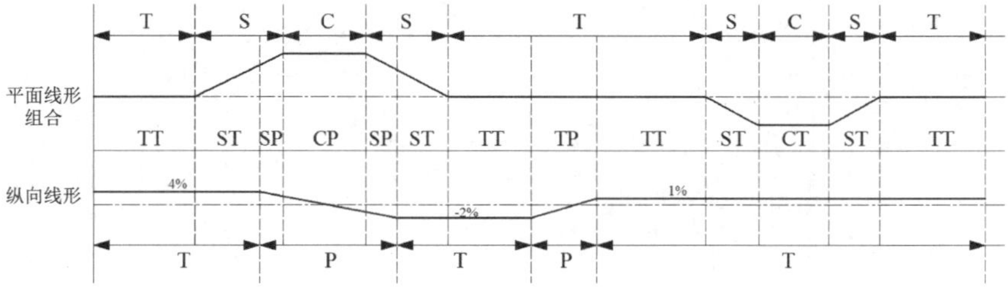

图5-4 路段划分

利用相邻曲线段曲率/挠率差进行统计分析，结果如图5-5和图5-6所示。

统计与分析结果显示，曲率/挠率差与百万车公里事故率之间存在正相关性，尤其是曲率变化对事故的影响更加敏感，其拟合优度R^2分别为0.72766和0.5036。随着相邻曲线段曲率/挠率差增加，事故数也显著增加。因此，减少空间曲线曲率与挠率的变化频率能够有效减少事故发生。

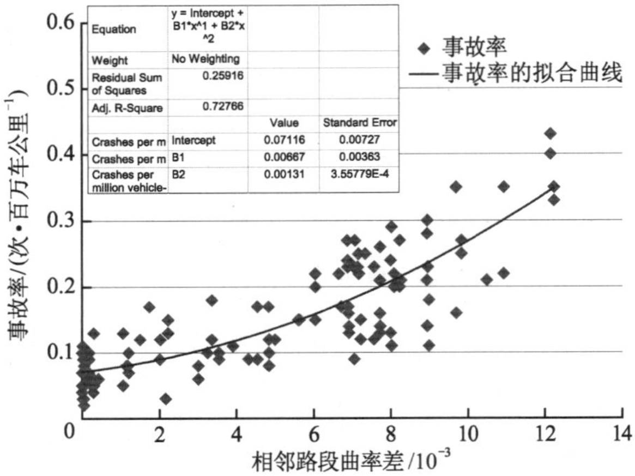

图 5-5　曲率差与事故率回归分析

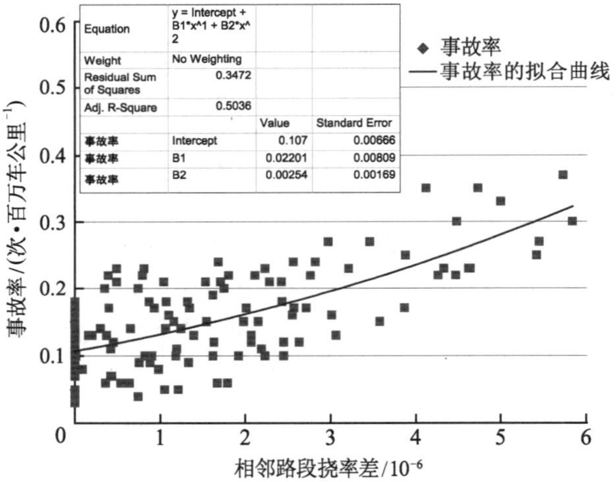

图 5-6　挠率差与事故率回归分析

从三维空间的角度来看，随着曲率/挠率值同时增大，事故率也呈现出上升趋势，如图 5-7 所示。然而，有些事故集中发生在曲率/挠率值都很低的拟合起点附近，在曲率值 [0，7×10^{-3}] 到挠率值 [0，3×10^{-6}] 的空间中，通过分析可知这些事故虽受线形因素的影响，但其他的事故因素也可能起主导作用，如驾驶员疲劳驾驶、在小半径曲线段超速通过弯道。

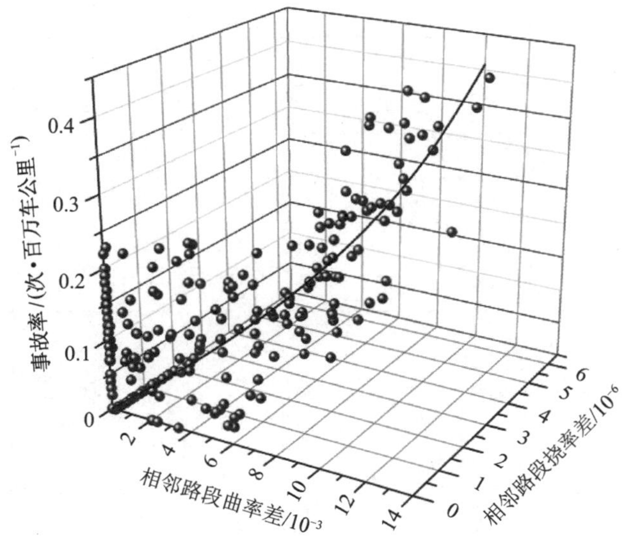

图 5-7　空间曲率与挠率变化耦合作用下对事故率的影响

在公路路径构建完成后，任何一条道路的空间线形及其线形组合已确定，其每一划分段的曲率/挠率值即相应确定。整条道路的曲率/挠率均值、标准差及变异系数可以通过计算求得，事故率可以通过收集的资料统计计算得到，因此可以确定道路线形整体曲率/挠率变化与事故率之间的关系。事故率与曲率/挠率变化数学统计特征值见表 5-5，其回归分析如图 5-8 所示。

表 5-5　事故率与曲率/挠率数学统计特征

序号	百万车公里事故率	曲率			挠率		
		均值	标准差	变异系数	均值	标准差	变异系数
1	0.095	0.001789	0.005869	1.281	0.00000825	0.00012100	14.667
2	0.159	0.001538	0.004338	2.821	0.00000609	0.00007141	11.717
3	0.113	0.001325	0.003220	2.430	0.00000452	0.00003959	8.751
4	0.021	0.000279	0.000143	0.512	0.00000023	0.00000132	5.870
…	…	…	…	…	…	…	…

续表

序号	百万车公里事故率	曲率			挠率		
		均值	标准差	变异系数	均值	标准差	变异系数
18	0.197	0.001065	0.002080	1.953	0.00000336	0.00028870	8.591
19	0.305	0.002842	0.014813	5.212	0.00002081	0.00036473	17.526
20	0.141	0.000921	0.001556	1.689	0.00000219	0.00001032	4.723
21	0.336	0.001899	0.009590	3.566	0.00005040	0.00036890	15.332

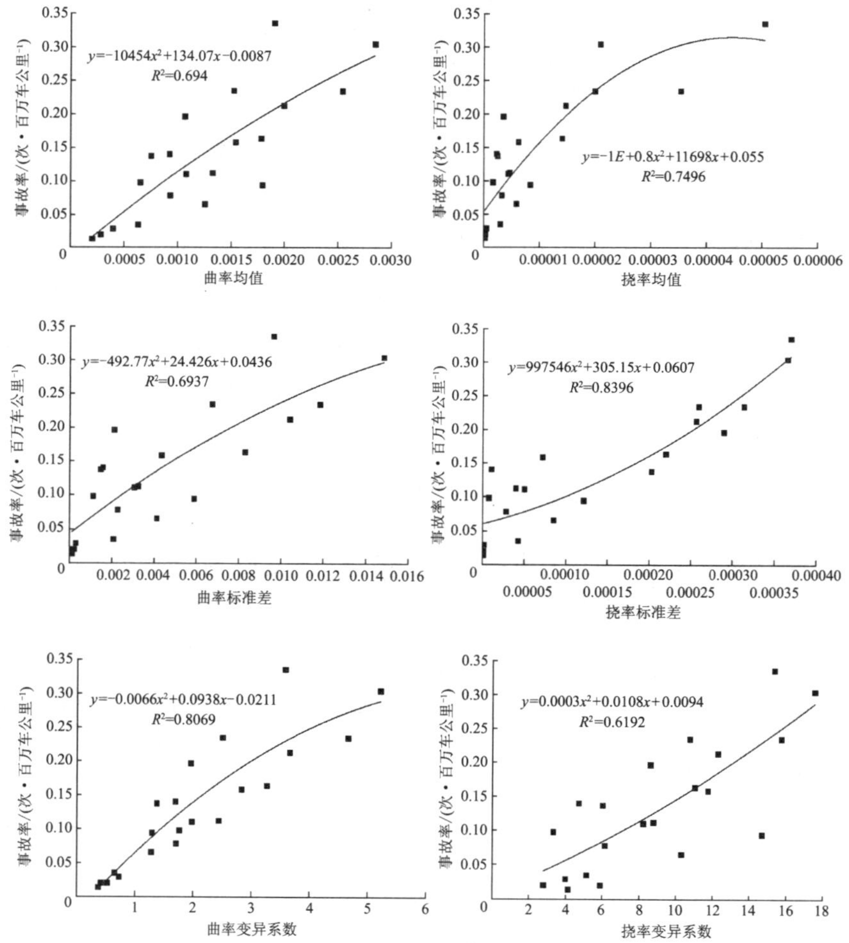

图 5-8 不同道路条件下曲率/挠率变化对事故率的影响

计算结果显示，随着道路整体曲率/挠率值的波动，事故率也有显著变化。总体来看，事故率与道路线形曲率/挠率波动正相关，但曲率与挠率变化之间也存在一些细微的差别（见图 5-8 中多项式拟合后趋势线），不同的参数指标对应的事故率增长速度有增有减。主要有以下两点结论：第一，随着组合线形曲率/挠率波动的离散程度逐渐加大，事故率其实是变低的。这说明当路况越来越差时（如山区崎岖陡峭的路段），驾驶员可能会选择更加谨慎的驾驶态度，降低车辆行驶速度以便更好地控制车辆，从而减少事故的发生。因此，曲率/挠率的变化及整体均值的波动对事故率有明显影响，但在某个范围内其影响更显著。分析可知，在曲率/挠率均值区间［0，0.002］、标准差区间［0，0.006］范围内，线形组合频繁变化且波动较大时，对应的事故率较高。第二，曲率变化对事故率的影响主要反映在道路线形空间位置的方位变化上，而挠率的影响主要体现在纵断面的坡度改变上，然而频繁和较大的坡度变化是不利于驾驶安全的。因此，图 5-8 中曲率变化对事故率的影响呈减速增长；而挠率变化对事故率的影响呈加速增长。

第五节 本章小结

道路空间路径主要由平、纵线形元素组合而成，因此不应单独处理其空间构成。本章基于空间曲线路段相对不变特征量曲率和挠率的变化对道路线形三维整体进行分析和评价，研究目的是利用道路线形作为一条空间曲线的数学特征与物理含义构建事故率与道路线形之间的关系，从而实现对道路线形的评价。有以下几点总结。

① 依据现有道路设计规则，将道路空间线形分成 6 种基本组合线元，并建立各自的参数表达式，使道路线形转化为数值模型，可以通过数学计算量化空间线形的走向和变化情况。

② 基于道路线形参数方程，使用两种空间几何不变量（曲率和挠

率）标定线形事故率，结果显示几何不变量能够较为显著地描述事故率与线形变化之间的关系。

③ 局部和整体两种评价方法具有一致的结论，论证了曲率/挠率变化对事故率有显著影响。对比分析显示，相比挠率对事故的影响，曲率变化对事故率的影响更显著。

④ 通过计算空间曲线的曲率和挠率来判断事故率与道路设计参数的连续性。本书采用了两种评价方法判断平纵线形协调性与线形的安全性。安全水平研究结果显示，曲率和挠率变化与每百万公里事故数有显著的正相关性。然而，结果也显示曲率与挠率变化对事故率的影响略微不同，对比可知，曲率变化对事故频次影响更显著。

⑤ 本章提议的方法可以用来评价拟建或已建公路的空间线形结构，为可能发生事故的路段提供基本的判断，也能为道路线形优化设计提供意见，或为将来可能的公路真三维设计方法提供参考。

06

第 六 章

道路三维线形指标安全评价

道路线形是平、纵、横三维指标组合的空间展现，第五章用参数方程表示了平纵组合的空间路径，并建立了空间曲率、挠率与事故率之间的关系，对于空间线形连续性评价有一定的意义。然而分段参数方程本身在连接处可能就不连续，分段计算的工作量也比较大，为此本书试图寻找一条空间曲线拟合道路的真三维路径，试图从整体上去评价三维线形的连续性和一致性，但要找到一条连续完整的曲线并非易事，也许能构建无限逼近真三维路径的空间曲线，但这样的空间曲线的连续方程很难用公式来表达，最有可能的拟合方程是分段函数。

道路线形设计指标众多，各个指标对道路安全的影响程度也不尽相同，很难客观判断指标的权重。对于道路安全的评判以往主要集中在单个指标对安全影响的研究，因为没有统一的量纲，所以获得一个综合评价指标的难度很大。

为了实现对道路线形设计指标的安全评价，考虑用最直接客观的评判依据（即事故率）作为评价基础，参考现有道路线形综合指标研究，提出相对事故率指标概念来评价道路线形设计的质量。相对事故率是指基于一定数量的事故数据统计，以线形设计指标为变量基础，建立连续归一化处理的事故关系。因此，本章综合考虑道路平、纵、横设计指标与事故率变化的关系，通过对事故数据的回归分析，构建道路设计指标与相对事故率之间的数学模型，分别提出平面、纵断面、横断面设计指标的相对事故率评价指标，并最终构建道路真三维线形设计的综合评价指标，如图 6-1 所示。

平面线形设计指标主要考虑圆曲线半径 x_1、缓圆比 x_2、曲率 x_3、曲率变化率 x_4、平曲线转角 x_5；纵断面线形设计指标主要考虑纵坡坡度 x_6、坡长 x_7 和竖曲线半径 x_8；横断面线形设计指标主要考虑超高 x_9、行车道宽度 x_{10}和路肩宽度 x_{11}。

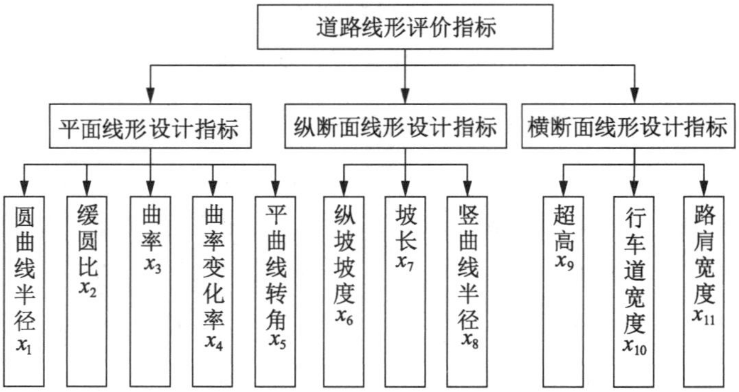

图 6-1　道路线形评价指标

第一节　平面线形指标分析及评价模型

本章考虑的平面线形指标中除了圆曲线半径 R 和转角 θ 是线形设计本身的控制指标外，缓圆比、曲率和曲率变化率都是特征指标，需要通过计算求得。其中，缓圆比表示缓和曲线长度与圆曲线长度的比值，见式（6.1）；直线段的曲率为 0，圆曲线上的曲率为半径倒数 $\frac{1}{R}$，缓和曲线曲率为从直缓点处 0 到缓圆点处 $\frac{1}{R}$ 的连续递增；曲率变化率表示单个平曲线路段单位长度的角度变化之和，其表达式见式（6.2）。

$$\gamma=\frac{L_S}{L_C} \tag{6.1}$$

$$\mathrm{CCR}=\frac{1}{L}\left(\frac{L_{S1}}{2R}+\frac{L_C}{R}+\frac{L_{S2}}{2R}\right) \tag{6.2}$$

式中，L_S 表示缓和曲线长度；L_C 表示圆曲线长度；L 表示平曲线总长，其值等于与圆曲线衔接的缓和曲线总长度和圆曲线长度之和。

在构建设计指标评价模型前，先对指标的相关性做定性分析以减少定量分析的工作量。通过分析可以发现，缓圆比（假设对称布置的缓和曲线）和平曲线转角均在曲率变化率中有所体现，属于高度自相关的变量，因此本书在回归分析中剔除其对事故率的影响，见式（6.3）和式（6.4）。

$$\gamma=\frac{L_S}{L_C}=\frac{1-R\cdot \mathrm{CCR}}{2R\cdot \mathrm{CCR}-1} \tag{6.3}$$

$$\theta=\frac{L_{S1}}{2R}+\frac{L_C}{R}+\frac{L_{S2}}{2R}=L\cdot \mathrm{CCR} \tag{6.4}$$

本书收集了21条公路至少5年的事故数据，通过这些数据确定平面线形设计指标与相对事故率的关系，见表6-1。

表6-1 平曲线形设计指标与相对事故率的关系

平曲线半径与相对事故率的关系						
平曲线半径/m	<200	200～300	300～600	600～1000	1000～1500	>1500
相对事故率	12.92	8.78	4.72	2.42	1.46	1.00
回归方程	$y=16.30892e^{-0.00247x}$，$R^2=0.98496$					

曲率与相对事故率的关系						
曲率/m^{-1}	0.0027	0.005	0.007	0.009	0.011	0.015
相对事故率	1.00	1.39	1.81	2.33	3.02	5.05
回归方程	$y=0.72742e^{(x/0.00775)}+0.0103$，$R^2=0.99375$					

曲率变化率与相对事故率的关系								
曲率变化率/（rad·m^{-1}）	0.0001	0.0015	0.003	0.005	0.0075	0.009	0.0105	0.013
相对事故率	1.00	1.31	1.59	1.91	2.22	2.37	2.50	2.68
回归方程	$y=-2.2818e^{(-x/0.00953)}+3.25954$，$R^2=0.99705$							

经统计分析可知，选定的平曲线设计指标 x_1，x_3，x_4 与相对事故率之间均为指数分布关系，如图6-2、图6-3和图6-4所示。为了统一3个变量对相对事故率的影响，构建了平面线形评价指标 EI_H：

$$EI_H = a\exp(bx_1 + cx_3 + dx_4) + e \tag{6.5}$$

式中，a，b，c，d 为变量系数；e 表示误差值（残差）；x_1，x_3，x_4 分别表示平曲线半径、曲率和曲率变化率。

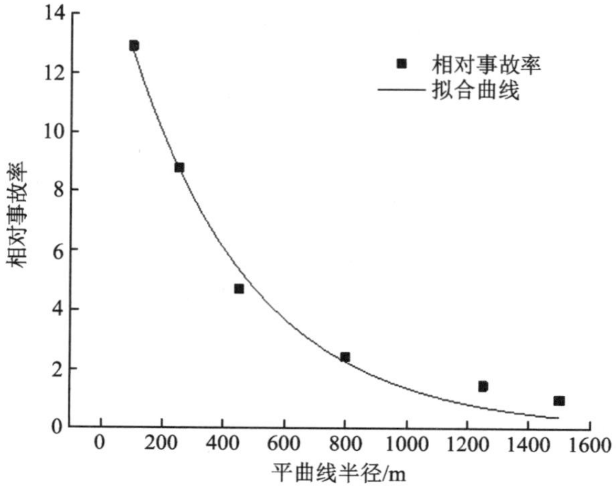

图 6-2 平曲线半径与相对事故率的关系

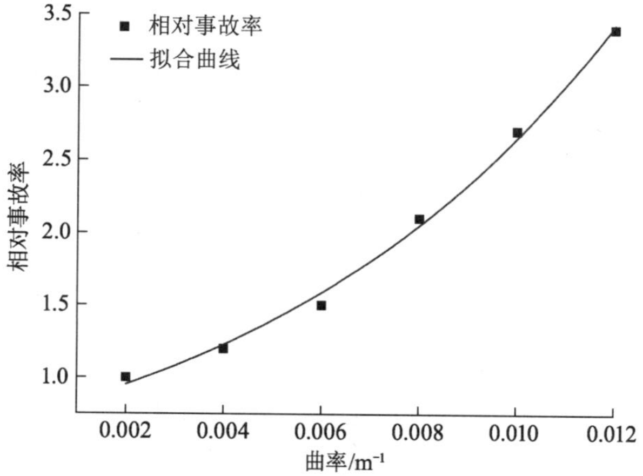

图 6-3 曲率与相对事故率的关系

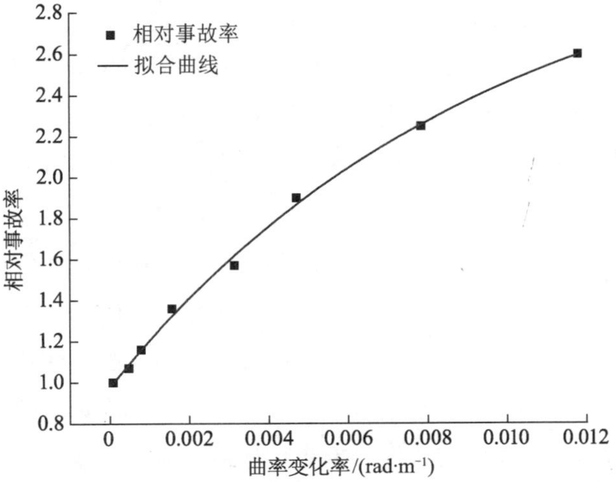

图 6-4　曲率变化率与相对事故率的关系

式（6.5）是一个非线性方程，对其进行回归分析计算相对麻烦，为了降低回归分析的难度，将其线性转化为

$$\ln\left[\frac{1}{a}(EI_{\mathrm{H}}-e)\right]=bx_1+cx_3+dx_4 \tag{6.6}$$

令 $EI_{\mathrm{H}}'=\ln\left[\frac{1}{a}(EI_{\mathrm{H}}-e)\right]$，命名 EI_{H}'为平面线形相对评价指标，假设误差值为 0，a 取 1，则 $EI_{\mathrm{H}}'=\ln EI_{\mathrm{H}}$。通过 SPSS 软件对事故数据进行多元线性回归分析，分析结果见表 6-2。

表 6-2　平曲线形回归分析描述

模型变量	未标准化系数	标准化系数	排除变量	R^2	显著性（<0.05）	德宾-沃森
常量	−0.308	0	平曲线半径	1.000	1.0386×10^{-18}	1.125
曲率	128.369	0.997				
曲率变化率	0.62	0.03				

数据分析显示，回归分析排除了平曲线半径作为自相关变量的影响，拟合优度 R^2 为 1.000，表示相对事故率与平曲线线形指标拟合度

比较高；显著性小于 0.001，表示因变量与自变量之间显著相关；德宾-沃森（D-W）统计量是用于检验模型是否存在自相关的量，取值范围为 [0，4]，通常当 D-W 值在 2 左右时，表明模型中的变量无相关性；此回归分析中剔除了平曲线半径作为自变量，说明自变量曲率与曲率变化率和平曲线半径有高度相关性。因此，当德宾-沃森值为 1.125 时，表明曲率与曲率变化率有一定的相关性，且拟合度比较好。

关于回归系数选择，非标准化系数是指数据未经无量纲化得出的结果，标准化系数是指无量纲化后的数据分析结果，因为评价线形指标的因素不唯一，且每个变量复杂多样，所以为了建立变量间的可比性，此处需要对指标进行无量纲化（标准化）处理。因此，变量及方程的系数选标准化系数。

综上，平面线形相对评价指标可表示为

$$\begin{aligned} EI_H' &= 0.997x_3 + 0.003x_4 \\ &= \frac{0.997}{R} + \frac{0.003}{L}\left(\frac{L_{S1}}{2R} + \frac{L_C}{R} + \frac{L_{S2}}{2R}\right) \\ &= \frac{1}{R}\left(0.0015\frac{L_C}{L} + 0.9985\right) \end{aligned} \tag{6.7}$$

式中，L_C 表示圆曲线长度；L 表示平曲线总长，其值等于与圆曲线衔接的缓和曲线总长度和圆曲线长度之和。

根据式（6.7）转换可以求得平面线形评价指标 EI_H：

$$EI_H = \exp\left[\frac{1}{R}\left(0.0015\frac{L_C}{L} + 0.9985\right)\right] \tag{6.8}$$

第二节　纵断面线形指标分析及评价模型

纵断面主要考虑的线形设计指标有纵坡坡度 x_6、坡长 x_7 和竖曲线半径 x_8。初步判断坡度与坡长可能存在相关性，当坡度较小时，可以选择相对较长的坡长；当坡度较大时，坡长有上限值。但在实际设计中，坡长值的设定主要考虑车辆的爬坡性能，坡长指标选用也受到地形环境和设计者设计经验的约束。因此，初步分析认为 3 个变量的相关性较弱，暂不考虑。

对收集的事故数据进行分析可以发现，上坡和下坡的事故率不尽相同，事故分布也有区别。因此，本节将纵断面分成两种类型，上坡段考虑凸形竖曲线组合，下坡段考虑凹形竖曲线组合，进而分别研究线形设计指标对事故率的影响。

一、上坡段线形指标

类似于平面线形设计指标分析方法，统计得到纵断面上坡段线形指标与相对事故率之间的关系，见表 6-3。

表 6-3 上坡段线形指标与相对事故率的关系

<table>
<tr><td colspan="8">纵坡上坡坡度与相对事故率的关系</td></tr>
<tr><td>纵坡上坡坡度/%</td><td>7～8</td><td>6～7</td><td>5～6</td><td>4～5</td><td>3～4</td><td>2～3</td><td>2～−1</td></tr>
<tr><td>相对事故率</td><td>3.08</td><td>2.88</td><td>2.60</td><td>2.24</td><td>1.80</td><td>1.28</td><td>1.00</td></tr>
<tr><td>回归方程</td><td colspan="7">$y=-6.9391+3.8479\ln(x+6.23666)$，$R^2=0.9881$</td></tr>
<tr><td colspan="8">上坡坡长与相对事故率的关系</td></tr>
<tr><td>上坡坡长/km</td><td>0.5～1</td><td>1～1.5</td><td>1.5～1.8</td><td>1.8～2.0</td><td>>2.0</td></tr>
<tr><td>相对事故率</td><td>1.00</td><td>1.40</td><td>1.67</td><td>1.96</td><td>2.31</td></tr>
<tr><td>回归方程</td><td colspan="7">$y=-6.8538+4.6428\ln(x+4.68757)$，$R^2=0.99831$</td></tr>
<tr><td colspan="8">凸形竖曲线半径与相对事故率的关系</td></tr>
<tr><td>凸形竖曲线半径/km</td><td>≤10</td><td>10−15</td><td>15−20</td><td>20−30</td><td>>30</td></tr>
<tr><td>相对事故率</td><td>1.73</td><td>1.64</td><td>1.29</td><td>1.18</td><td>1.00</td></tr>
<tr><td>回归方程</td><td colspan="7">$y=2.83421-0.54966\ln(x-2.7996)$，$R^2=0.95426$</td></tr>
</table>

纵断面选定的 3 个变量指标 x_6，x_7，x_8 与相对事故率的分布关系如图 6-5、图 6-6 和图 6-7 所示。从图中可以发现，在满足一定拟合优

度（$R^2>0.95$）的情况下，3 个变量指标与相对事故率成对数函数关系。因此，构建纵断面上坡段线形评价指标 EI_V^{up}：

$$EI_V^{up}=t\ln(mx_6+nx_7+px_8)+\varepsilon_1 \tag{6.9}$$

式中，m，n，p，t 为变量或方程的系数；ε_1 表示误差值（残差）；x_6，x_7，x_8 分别表示纵断面上坡坡度、坡长和凸形竖曲线半径。

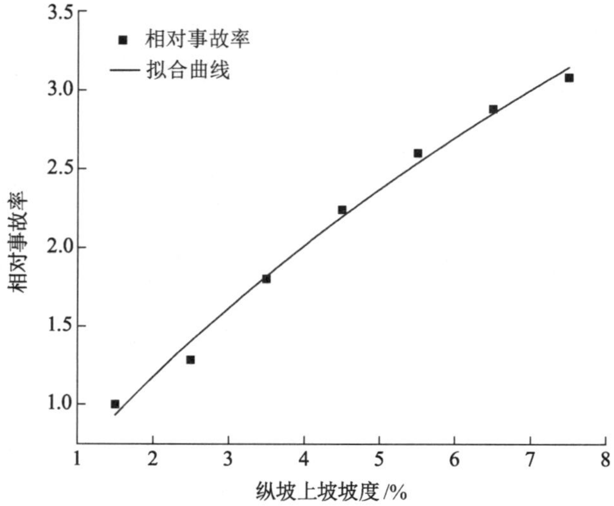

图 6-5 纵坡上坡坡度与相对事故率的关系

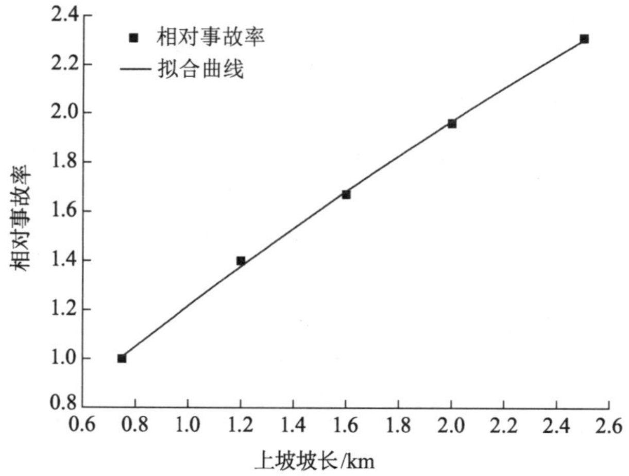

图 6-6 上坡坡长与相对事故率的关系

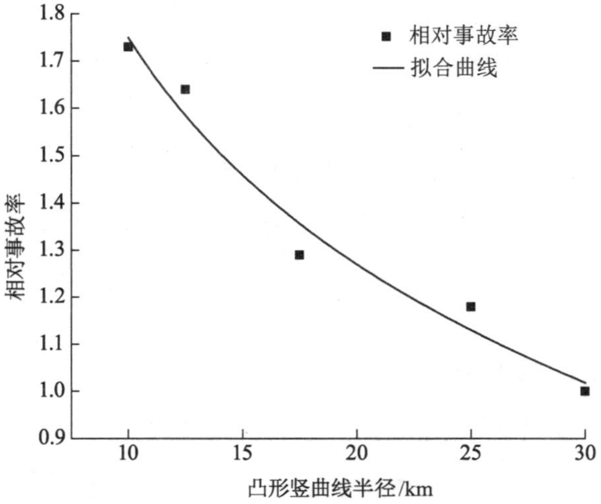

图 6-7 凸形竖曲线半径与相对事故率的关系

式（6.9）同样不是线性方程，需要先做线性化处理，见式（6.10）。

$$\exp\left(\frac{EI_{\mathrm{V}}^{\mathrm{up}}-\varepsilon_1}{t}\right)=m\,x_6+n\,x_7+p\,x_8 \tag{6.10}$$

令 $EI_{\mathrm{V}}^{\mathrm{up}\prime}=\exp\left(\frac{EI_{\mathrm{V}}^{\mathrm{up}}-\varepsilon_1}{t}\right)$，命名 $EI_{\mathrm{V}}^{\mathrm{up}\prime}$为纵断面上坡段线形相对评价指标，假设误差值 $\varepsilon_1=0$，t 取 1，则 $EI_{\mathrm{V}}^{\mathrm{up}\prime}=\exp EI_{\mathrm{V}}^{\mathrm{up}}$。通过多元线性回归分析对事故数据进行处理，分析结果见表 6-4。

表 6-4 上坡段回归分析描述

模型变量	标准化系数	排除变量	R^2	显著性（<0.05）
纵坡上坡坡度	1.108	无	0.976	5.41×10^{-22}
上坡坡长	0.472			
凸形竖曲线半径	0.707			

通过表 6-4 回归分析结果可知，纵断面上坡选定的 3 个变量与相关事故率存在显著相关性，线性化处理的纵断面上坡段线形相对评价指标 $EI_{\mathrm{V}}^{\mathrm{up}\prime}$与坡度、坡长及竖曲线半径的函数关系拟合度达到了较高的水平，

其回归方程可以写成

$$EI_{V}^{up\prime}=1.108x_{7}+0.472x_{8}+0.707x_{9} \tag{6.11}$$
$$=1.108i+0.472l+0.707r$$

式中，i 表示上坡段坡度；l 表示上坡段坡长；r 表示凸形竖曲线半径。

根据式（6.11）转换可以求得纵断面上坡段线形评价指标 EI_{V}^{up}：

$$EI_{V}^{up}=\ln(1.108i+0.472l+0.707r) \tag{6.12}$$

二、下坡段线形指标

下坡段线形指标与相对事故率之间的关系见表 6-5。

表 6-5　下坡段线形指标与相对事故率的关系

纵坡下坡坡度与相对事故率的关系							
纵坡下坡坡度/%	−2～−1	−3～−2	−4～−3	−5～−4	−6～−5	−7～−6	−8～−7
相对事故率	1.38	2.1	2.74	3.3	3.78	4.18	4.5
回归方程	$y=0.64989-0.5330x, R^2=0.99272$						

下坡坡长与相对事故率的关系					
下坡坡长/km	<0.5	0.5～1.0	1.0～1.5	1.5～2.0	>2.0
相对事故率	1.00	1.32	1.64	1.80	1.92
回归方程	$y=\ln(1.4885+2.73443x)$，$R^2=0.9769$				
凹形竖曲线半径与相对事故率的关系					
凹形竖曲线半径/km	≤10	10～15	15～20	20～30	>30
相对事故率	8.22	6.00	10.44	10.8	11.52
回归方程	$y=2.28968-0.35355\ln(x-9.9337)$，$R^2=0.97284$				

纵断面下坡段选定的 3 个变量指标 x_6，x_7，x_8 与相对事故率的分布关系如图 6-8、图 6-9 和图 6-10 所示。从图中可以发现，在满足一定拟合优度（$R^2>0.95$）的情况下，下坡坡度与相对事故率近似，成线性关系（也有学者将上下纵坡放在一起与事故率作比较，成抛物线关系）；另外 2 个变量指标（坡长与凹曲线半径）与相对事故率成指数函

数关系。为了构建统一的指标方程，假设线形服从非线性拟合，因此构建纵断面上坡段线形评价指标 $EI_{\mathrm{V}}^{\mathrm{dn}}$：

$$EI_{\mathrm{V}}^{\mathrm{dn}}=A\ln(Bx_6+Cx_7+Dx_8)+\varepsilon_2 \tag{6.13}$$

式中，A，B，C，D 为变量或方程的系数；ε_2 表示误差值（残差）；x_6，x_7，x_8 分别表示纵断面下坡坡度、坡长和凹形竖曲线半径。

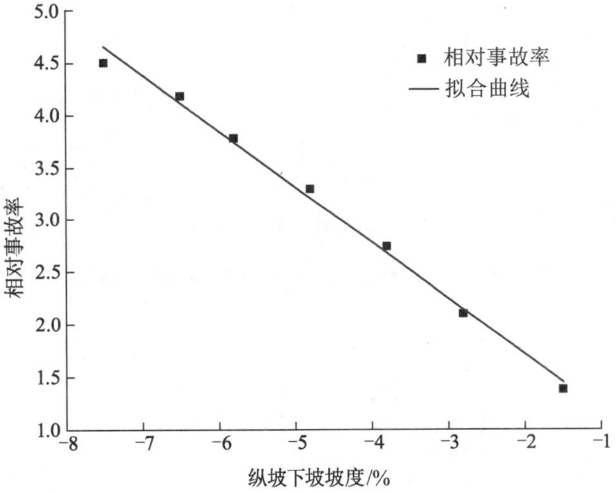

图 6-8 纵坡下坡坡度与相对事故率的关系

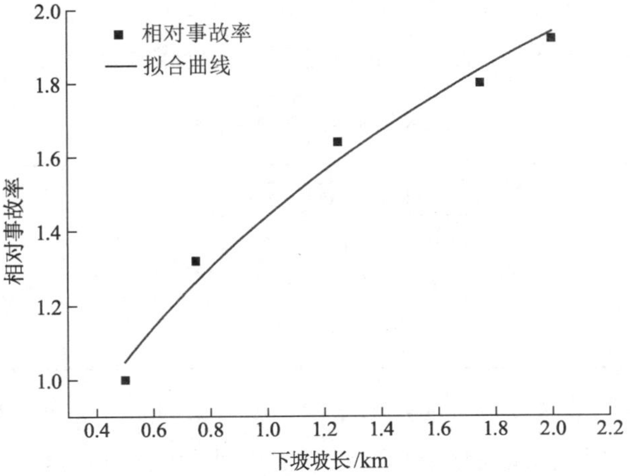

图 6-9 下坡坡长与相对事故率的关系

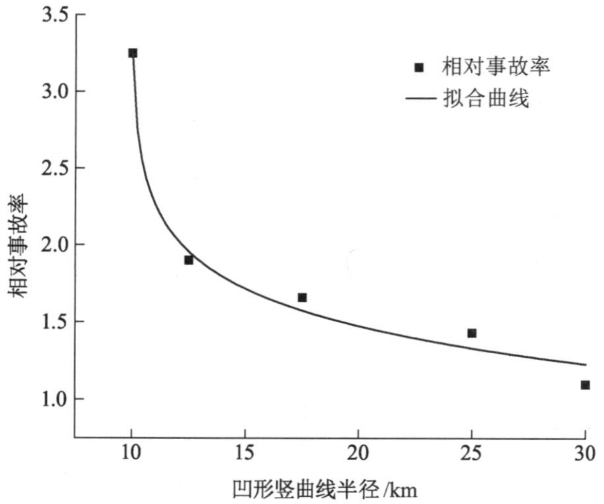

图 6-10　凹形竖曲线半径与相对事故率的关系

式（6.13）同样不是线性方程，需要先做线性化处理，见式（6.14）。

$$\exp\left(\frac{EI_V^{dn}-\varepsilon_2}{A}\right)=Bx_6+Cx_7+Dx_8 \tag{6.14}$$

同样令 $EI_V^{dn\prime}=\exp\left(\frac{EI_V^{dn}-\varepsilon_2}{A}\right)$，命名 $EI_V^{dn\prime}$ 为纵断面下坡段线形相对评价指标，假设误差 $\varepsilon_2=0$，系数 A 取 1，则 $EI_V^{dn\prime}=\exp(EI_V^{dn})$。通过多元线性回归分析对事故数据进行处理，分析结果见表 6-6。

表 6-6　下坡段回归分析描述

模型变量	标准化系数	排除变量	R^2	显著性（<0.05）
纵坡下坡度	3.984	无	0.993	2.236×10^{-29}
下坡坡长	4.002			
凸形竖曲线半径	1.114			

根据回归结果分析可知，纵断面下坡选定的 3 个变量与相关事故率存在显著相关性，线性化处理的纵断面下坡段线形相对评价指标 $EI_V^{dn\prime}$ 与坡度、坡长及竖曲线半径的函数关系拟合度达到了较高的水平，其回

归方程可以写成

$$EI_{\mathrm{V}}^{\mathrm{dn}\prime}=3.984i+4.002l+1.114r \tag{6.15}$$

式中，i 表示上坡段坡度；l 表示上坡段坡长；r 表示凸形竖曲线半径。

根据式（6.15）转换可以求得纵断面上坡段线形评价指标 $EI_{\mathrm{V}}^{\mathrm{dn}}$：

$$EI_{\mathrm{V}}^{\mathrm{dn}}=\ln(3.984i+4.002l+1.114r) \tag{6.16}$$

第三节　横断面线形指标分析及评价模型

横断面初定的线形指标包括超高 x_9、行车道宽度 x_{10} 和路肩宽度 x_{11}。其中，超高可以用横向力系数表示，表达式为

$$i_h=\frac{v^2}{127R}-\mu \tag{6.17}$$

式中，i_h 表示任意半径圆曲线超高值；v 为设计速度，单位为 km/h；R 表示半径，单位为 m；μ 为横向力系数。表达式中 v 和 R 被认为是确定值（非变量）。

通常，超高指标对道路安全的影响的研究可以转化为用最大有效横向力系数与实际运行速度下横向力系数的差值进行评价。最大有效横向力系数是为了抵消车辆外倾导致轮胎滑移而设计的安全极限值，其回归模型见式（6.18）。

$$f_{\max}=\begin{cases}8\times10^{-5}V_{85}^2-0.0114V_{85}+0.5493, & V_{85}\leqslant70\ \mathrm{km/h}\\ 2\times10^{-19}V_{85}^2-0.0012V_{85}+0.235, & V_{85}>70\ \mathrm{km/h}\end{cases} \tag{6.18}$$

式中，$f_{\max}$ 表示最大有效横向力系数；V_{85} 表示运行速度，单位为 km/h。

实际运行速度下的横向力系数 f_{85} 可以表示为

$$f_{85}=\frac{V_{85}^2}{127R}-i_h \tag{6.19}$$

因此，横向力系数差可以表示为

$$\Delta f = f_{\max} - f_{85} \tag{6.20}$$

根据采集的事故数据，构建线形设计指标与相对事故率之间的关系，见表 6-7。

表 6-7 横断面设计指标与相对事故率的关系

横向力系数差与相对事故率的关系						
横向力系数差	<-0.04	$-0.04\sim-0.015$	$-0.015\sim0.01$	>0.01		
相对事故率	6.00	3.13	1.85	1.00		
回归方程	$y=0.76817e^{(-x/0.02043)}+0.55014$，$R^2=0.99923$					
行车道宽度与相对事故率的关系						
行车道宽度/m	4.50	5.50	6.00	7.50	9.00	10.50
相对事故率	2.20	1.50	1.35	1.00	0.80	0.70
回归方程	$y=17.5954e^{(-x/1.83791)}+0.66457$，$R^2=0.99503$					
硬路肩宽度与相对事故率的关系						
硬路肩宽度/m	0.50	1	1.50	2	2.50	3
相对事故率	2.20	1.70	1.40	1.20	1.10	1.00
回归方程	$y=2.10255e^{(-x/1.06161)}+0.88533$，$R^2=0.99936$					

横断面选定的 3 个变量指标 x_9，x_{10}，x_{11} 与相对事故率的分布关系如图 6-11、图 6-12 和图 6-13 所示。从图中可以发现，在满足一定拟合优度（$R^2>0.95$）的情况下，3 个变量指标与相对事故率成指数函数关系。因此，构建横断面线形评价指标 EI_C：

$$EI_C = Q\exp(Mx_9 + Nx_{10} + Px_{11}) + \xi \tag{6.21}$$

式中，Q，M，N，P 为变量或方程的系数；ξ 表示误差值（残差）；x_9，x_{10}，x_{11} 分别表示横断面横向力系数差、行车道宽度和硬路肩宽度。

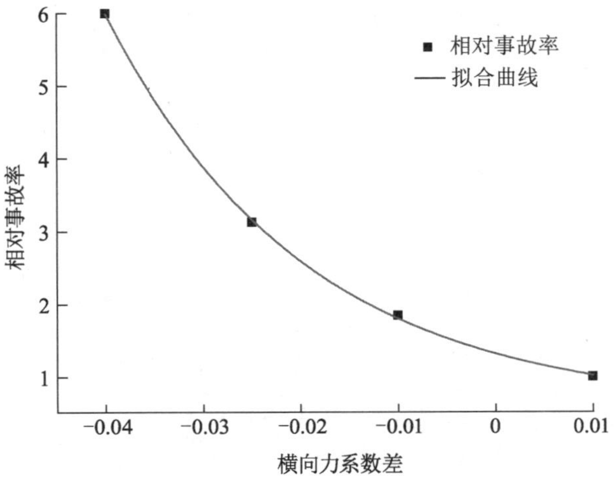

图 6-11 横向力系数差与相对事故率的关系

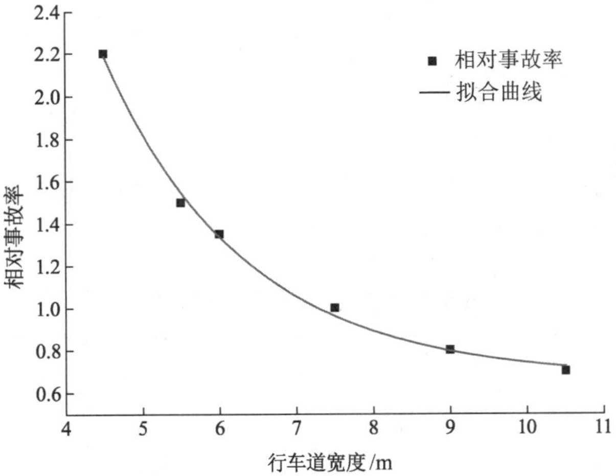

图 6-12 行车道宽度与相对事故率的关系

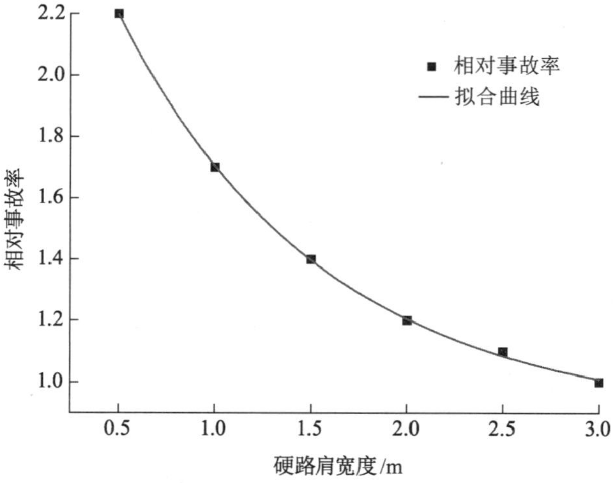

图 6-13 硬路肩宽度与相对事故率的关系

式（6.21）同样不是线性方程，需要先做线性化处理，见式（6.22）。

$$\ln\left(\frac{EI_{C}-\xi}{Q}\right)=Mx_{9}+Nx_{10}+Px_{11} \tag{6.22}$$

令 $EI_{C}'=\ln\left(\frac{EI_{C}-\varepsilon_{2}}{A}\right)$，命名 EI_{C}'为横断面线形相对评价指标，同样假设误差值 $\xi=0$，系数值 Q 取 1，则 $EI_{C}'=\ln(EI_{C})$。通过多元线性回归分析对事故数据进行处理，分析结果见表 6-8。

表 6-8 横断面线性回归分析描述

模型变量	标准化系数	排除变量	R^2	显著性（<0.05）
横向力系数差	−0.186	无	1.000	3.4939×10^{-92}
行车道宽度	−1.336			
硬路肩宽度	0.521			

从回归分析结果可知，横断面选定的 3 个变量与相关事故率存在显著相关性，线性化处理的横断面线形相对评价指标 EI_{C}'与横断面横向力系数差、行车道宽度和硬路肩宽度的函数关系拟合度达到了较好的水

平，其回归方程可以写成

$$EI_C'=-0.186\Delta f-1.3336W+0.521w \tag{6.23}$$

式中，Δf 表示横向力系数差；W 表示行车道宽度；w 表示硬路肩宽度。

由式（6.18）可知，当运行速度 V_{85} 大于 70 km/h 时，最大有效横向力系数的二次项系数很小（约为 10^{-15} 数量级），因此可忽略其影响。通过式（6.18）、式（6.19）和式（6.20）换算可得横向力系数差为

$$\Delta f=\begin{cases}\dfrac{0.01016R-1}{127R}V_{85}^2-0.0114V_{85}+i_h+0.5493, V_{85}\leqslant 70\ \text{km/h}\\ -\dfrac{1}{127R}V_{85}^2-0.0012V_{85}+i_h+0.235, V_{85}>70\ \text{km/h}\end{cases} \tag{6.24}$$

因此，将式（6.24）代入式（6.23）可以写成

$$EI_C'=\begin{cases}\dfrac{1-0.01016R}{682.8R}V_{85}^2+0.00212V_{85}-0.186i_h-1.3336W+0.521w-0.1022, V_{85}\leqslant 70\ \text{km/h}\\ \dfrac{1}{682.8R}V_{85}^2+0.00022V_{85}-0.186i_h-1.3336W+0.521w-0.0437, V_{85}>70\ \text{km/h}\end{cases} \tag{6.25}$$

根据式（6.25）转换可以求得纵断面上坡段线形评价指标 EI_C：

$$EI_C=\exp(EI_C') \tag{6.26}$$

第四节　综合评价指标构建

以上建立了平、纵、横三维各断面的线形评价指标（EI_H，EI_V，EI_C），主要考虑的影响变量是线形设计指标，但道路安全受诸多因子的共同影响，是一个复杂的系统框架内各因素的组合问题。单从道路线形设计本身考虑，本书构建了影响安全的道路线形指标体系，如图 6-1

所示。但这些指标变量之间不完全是相互独立的关系，如平曲线半径与超高设置有一定的联系，如式（6.17）所示；有些指标还与设计速度或运行速度有关，如圆曲线半径和超高值均与速度有关系。在上述回归分析中，为控制变量的相关性，去除了自相关的特征变量，并采用了无量纲处理，使用标准化系数写出回归方程，从而确保各自的评价指标具有相互独立性，为建立综合评价指标奠定基础。

由于各线形指标回归分析中无量纲化，且各自的回归分析采用相对事故率作为基准，这就为构建道路线形综合评价指标提供了统一的依据。因此，考虑道路真三维空间线形各指标因素，本书提出了道路线形综合评价指标 EI_{3D}。在评价指标组合形式上，考虑到指标的相互独立性，确定以平、纵、横线形评价指标（EI_{H}，EI_{V}，EI_{C}）相乘的形式构建综合评价指标模型。基于第三章驾驶模拟仿真分析，在综合评价指标中加入驾驶员因素作为道路线形对人的诱导影响，用驾驶员修正系数 K_D 表示。对于驾驶水平一般的驾驶员，K_D 取值 1.0，对于事故高发路段或交通调查显示新手使用较多的路段，K_D 取值 1.0～1.67。参考式（6.27）。

$$
\begin{gathered}
EI_{3D}=K_D\times EI_{H}\times EI_{V}\times EI_{C}\\
EI_{H}=\exp\left[\frac{1}{R}\left(0.0015\,\frac{L_{C}}{L}+0.9985\right)\right]\\
EI_{V}=\begin{cases}\ln(1.108i+0.472l+0.707r),\text{上坡段}\\ \ln(3.984i+4.002l+1.114r),\text{下坡段}\end{cases}\\
EI_{C}=\begin{cases}\exp\left(\dfrac{1-0.01016R}{682.8R}V_{85}^2+0.00212V_{85}-0.186i_h-1.3336W+0.521w-0.1022\right),V_{85}\leqslant 70\ \text{km/h}\\ \exp\left(\dfrac{1}{682.8R}V_{85}^2+0.00022V_{85}-0.186i_h-1.3336W+0.521w-0.0437\right),V_{85}>70\ \text{km/h}\end{cases}
\end{gathered}
\tag{6.27}
$$

第五节 模型应用及安全水平标定

由式（6.27）可知，模型应用需要先求解平、纵、横各自的线形评价指标因子。本书以沪宁高速常州段（路段总长约 42.862 km，起始桩号为 DK118＋996.741～DK161＋859.498）为例，对 2003—2008 年的事故数据进行分析。首先对选取的道路进行路段划分，纵断面分为上坡段和下坡段；平面线形以完整的基本型（缓和曲线—圆曲线—缓和曲线）为主，适当照顾平纵线形组合，平纵线形划分以“平包纵”为主形式，如图 6-14 所示。计算中，如果单个平纵组合路段既包含上坡段又包含下坡段，那么其纵断面线形评价指标 EI_V采用上下坡线形评价指标累加。

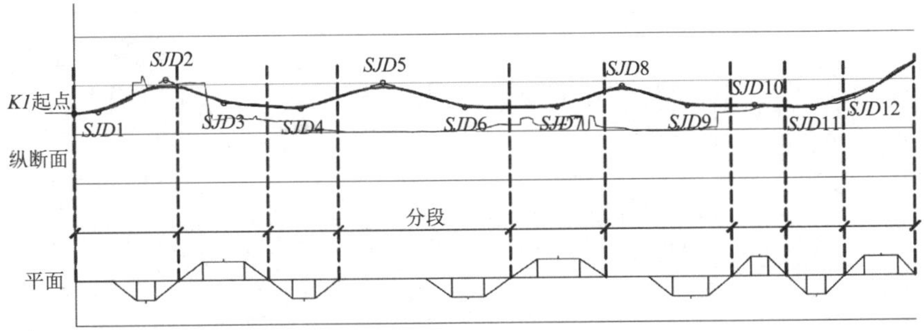

图 6-14　平纵组合路段划分

平面线形路段划分为 27 个基本单元；纵断面线形划分为 90 个单元；横断面指标采用沪宁高速设计标准，行车道宽度为 3.75 m，硬路肩宽度为 2.5 m。事故数据分析显示，超速或较高速行驶对事故率影响比较显著，因此本书选择运行速度 120 km/h 作为设计速度。

对 6 年事故数据进行统计，采用改进的事故频数法进行事故多发点鉴别，首先计算路段单元平均事故次数 λ，使用公式如下：

$$\lambda = \frac{\sum m_i}{n} \tag{6.28}$$

式中，m_i 表示路段 i 的事故次数，单位为次；n 表示路段单元总数。

若取置信水平为 95%，则事故次数临界值 R_c 为

$$R_c = \lambda + 1.96\sqrt{\lambda} \tag{6.29}$$

将式（6.29）求得的路段事故临界值与统计年内该路段实际交通事故次数 R_p 进行对比，若 $R_p > R_c$，则该路段为事故多发点。

事故统计使用上述分段方法，平纵组合共分为 27 个路段，纵断面又细分为 90 个路段。6 年共统计研究路段 1460 次交通事故，各路段事故次数、综合评价指标值计算结果和事故临界值见表 6-9。

表 6-9　事故统计及事故多发点鉴别

组合路段划分	事故次数/次	综合评价指标值	事故临界值/次	组合路段划分	事故次数/次	综合评价指标值	事故临界值/次
1	104	0.473	8	15	10	0.191	2
2	48	0.382	4	16	109	0.572	8
3	6	0.080	1	17	234	0.632	14
4	75	0.303	6	18	4	0.054	1
5	15	0.110	2	19	88	0.421	7
6	29	0.266	3	20	67	0.455	6
7	57	0.259	5	21	46	0.219	4
8	51	0.172	5	22	71	0.507	6
9	65	0.492	5	23	65	0.352	5
10	3	0.019	1	24	14	0.140	2
11	2	0.011	1	25	56	0.221	5
12	53	0.293	5	26	51	0.169	5
13	18	0.224	2	27	50	0.288	5
14	67	0.431	6	事故总数/次	1458		

观察表 6-9 可知，路段事故临界值均小于各自路段统计年内实际的交通事故次数，按事故多发点鉴别方法即可认为此全路段不存在事故多

发点。但各路段的事故统计数明显存在较大的离散性，有些路段年均事故数超过 10 次（累计事故数超过 100 次），如路段 1 和路段 16；而有些路段 6 年累计事故数不超过 3 次，如路段 10 和路段 11。事故数较多的路段对应的严重事故数也较多，据统计，沪宁高速常州段 6 年共有 40 人死亡，其中有路段发生 3 次以上的死亡事故。显然，简单的事故临界值并不能客观反映道路的安全状况。

道路线形综合评价指标 EI_{3D} 与公里事故数统计的关系如图 6-15 所示。从图中可以发现，两者存在一定的统计关系，近似于指数函数关系，线形综合评价指标越高，事故数越多，并且这种关系建立在道路线形设计指标（单个变量）与相对事故率的回归分析的基础上。因此，对于不同等级的道路，可能存在不同的分布关系。

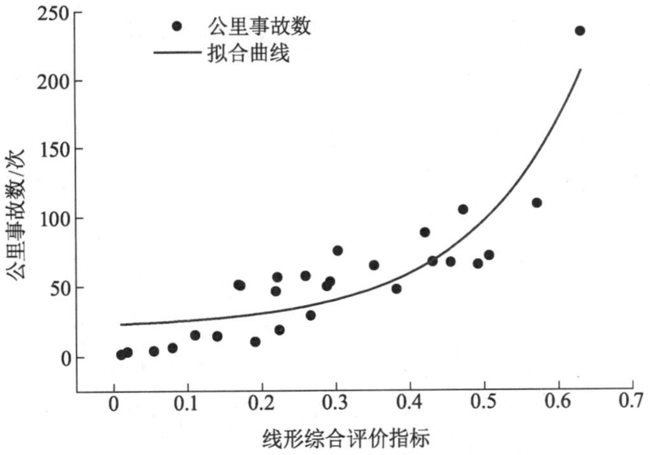

图 6-15 道路线形综合评价指标与路段事故数的关系

图 6-15 中，在 $EI_{3D}>0.5$ 后拟合线形的增长速度相对较快，表示事故数增长较快，显然这种增长不利于交通安全；也表示此路段线形综合评价指标值高于常值，是不良的线形设计，需要对其进行优化处理。图中拟合线形方程如下：

$$R_f=2.59475e^{6.7572EI_{3D}}+20.3736, R^2=0.78718 \tag{6.30}$$

式中，R_f表示公里事故数，单位为次。

经计算，当线形综合评价指标$EI_{3D}=0.5$时，路段对应的公里事故数为96次（统计年份为6年），年均公里事故数为16次；当$EI_{3D}=0.23$时，年均公里事故数为5次。考虑交通事故受人—车—路环境多因素影响，年均公里事故数小于16次是道路线形设计可以接受的范围，因此建立线形综合评价指标的安全标准，见表6-10。

表6-10 道路线形综合评价指标标准

评价标准	良好	一般	较差
综合评价指标值	$EI_{3D}\leqslant 0.23$	$0.23<EI_{3D}<0.5$	$EI_{3D}\geqslant 0.5$

交通事故的发生具有一定的偶然性和随机性，尽管良好的道路线形有利于引导驾驶员安全、正确地操纵车辆，从而减少交通事故的发生，但道路以外的因素导致交通事故发生也是不可避免的，统计发现有些事故受环境、交通量、驾驶员特征等因素影响，如雨雪天事故较多发、假期事故较多发、高峰时段事故较多发等。

经事故统计和分析发现，道路线形组合在一定程度上影响道路的行车安全。事故数相对集中的路段多为弯坡组合段，尤其是高差较大的连续组合，如长坡与小半径平曲线组合路段。这些路段最大的特点是道路线形不能很好地引导驾驶员正确感知道路前方线形及方向，以至于驾驶员不能合理控制车辆的行驶状态（车速）。此外，道路线形设计一致性较差、视线不良、标志标牌等辅助设施布设不合理等原因也容易导致事故发生。在事故统计过程中还发现，沪宁高速常州接入和接出路段线形条件良好，但事故数量相对较多，可能是驾驶员在省市交接段对道路信息的接收和理解出现困难，导致精神紧张和错误操作等，从而造成事故。因此，依据道路线形综合评价指标计算，有必要对事故高发路段的线形进行优化。

第六节 本章小结

本章先对影响道路安全的线形指标进行了梳理和归类，剔除了自相关的变量，经过初步分析和筛选，将原先提出的13个平、纵、横重要设计指标简化为11个指标变量，建立道路线形评价指标体系；然后引入相对事故率的概念，分别建立平、纵、横线形指标与相关事故率之间的回归关系。接着以各平面为单位，构建各自的回归模型，并进行模型预处理使之成为线形方程，以满足多元线性回归分析的需要；回归分析采用剔除自相关变量并选择无量纲处理、选用标准化系数构建各断面的评价指标。其中，纵断面分为上坡段和下坡段分别处理。

鉴于第三章驾驶模拟仿真成果，引入道路线形对驾驶员的诱导影响即驾驶员修正系数 K_D 构建三维线形综合评价指标。最终利用采集的道路和事故数据对三维线形综合评价指标进行安全水平标定和分析。本章研究成果可以用于道路线形设计质量评价，从中找出综合评价指标不合理的路段，针对性地进行优化和修改工作。

07

第　七　章

结论与展望

第一节 结论

一、主要研究成果

(1) 归纳总结道路线形设计主要技术指标，提出“概率”设计思想

开篇对道路线形设计发展历程及研究现状做了系统的分析，通过国内外文献综述、规范对比及驾驶模拟仿真和车辆动力学仿真等手段论述了道路线形影响安全的主要设计指标，并归纳总结了13个重要的线形设计敏感指标。分析论述了我国道路线形设计目前仍采用“确定性”设计方法，尽管有相关标准和规范的约束（极限值），但对于一般未作约束的指标取值，设计者可能采用“打擦边球”的形式进行潜在的“超标”设计。为了避免“恶意透支”使用规范，本书提出在道路线形设计中应用“概率”设计的思想。

(2) 基于仿真手段分析人—车—路系统的响应关系

评价道路线形设计质量可以从人、车、路各个角度进行分析，以往的道路线形设计更多地是从道路自身设计指标的使用及安全评价角度分析，主要是对单一设计指标进行研究，本书考虑了人—车系统运作对道路线形设计指标的响应，建立了道路仿真模型，分别使用具有驾驶员特性和车辆动力学输出功能的UC-win/Road驾驶平台和ADAMS/Car仿真软件进行人—车—路的动态仿真，分析了道路线形设计指标选用的特征和对人—车—路系统的影响。

(3) 引入可靠度理论及数学方法并应用在道路线形设计中

在明确道路设计采用的传统设计方法存在的缺点后，引入可靠度理论对道路线形设计部分未作约束的指标进行优化，建立道路线形指标概率设计理论和近似求解方法。通过使用一阶可靠度法和蒙特卡罗仿真法设计高速公路准临界纵坡坡长、最小直线长度和弯道加宽等指标，对可靠度用不同的数学方法进行敏感性分析，最终给出可靠度计算精度分析

和方法适用性的建议。

（4）编制计算机程序实现《规范》中部分未约束指标的程序计算

本书致力于优化我国《规范》中未作约束指标值的合理选用和安全评价，通过可靠度计算可以提高《规范》中大部分指标值使用的安全水平，但显然繁琐的计算过程不利于道路设计者使用。为此，本书参照已研究的两个设计指标的可靠度计算结果，编制了纵断面准临界纵坡坡长和横断面加宽的自动计算程序，方便工程设计者实际使用，也为其他指标优化及程序化提供参考。

（5）提出基于道路三维空间连续性的安全评价方法

鉴于道路线形设计需要对单一指标进行合理组合，从而形成连续可靠的三维路径，本书讨论了三维空间状态下，道路线形指标的选用及组合，在明确三维设计需要保证线形一致性原则的基础上，主要考虑三维线形的物理连续特性，构建道路线形空间的参数方程，利用曲率和挠率这两个路段相对不变物理量对道路线形连续性进行评价；采用整体评价和局部评价两种方法建立曲率/挠率差与事故率之间的关系，并通过回归分析拟合评价指标与事故率的函数关系，最终实现对空间线形指标组合的评价。

（6）构建考虑驾驶员因素的道路线形综合评价指标模型

综合考虑道路线形设计最终的形态是平、纵、横设计指标的三维组合，基于前三章的指标分析，构建道路线形设计指标评价体系，剔除相关联的指标变量，建立相互独立的线形评价指标，并采用相对事故率进行指标的统一标定，分别对每个指标进行回归分析、拟合其指标与相对事故率之间的函数关系；基于道路设计平、纵、横分阶段设计特征，分别建立各平、纵、横断面的评价指标，回归分析中采用无量纲化的标准化系数进行回归分析，为构建综合指标去除障碍，最终引入驾驶员的因素构建线形综合评价指标；采集道路与事故数据进行计算，标定综合评价指标的安全阈值。

二、创新点

① 考虑人—车—路系统环境对道路线形指标优化和安全评价的影响，将受道路线形设计影响的驾驶员因素和车辆因素考虑进后续的指标优化和评价研究中，提出了驾驶员修正系数 K_D 的概念，并利用脑电波比率标定其取值。

② 将可靠度理论引入道路线形设计，建议将传统的“确定性”设计方法改进为极限状态下的“概率”设计方法，量化道路线形设计指标的概率值，从而有效规避我国《规范》中部分未作明确约束的指标在选用上可能存在的风险。

③ 基于概率计算结果，编制了纵坡坡长和弯道加宽的计算机程序，实现了任意指标值的自动计算，尤其是准临界状态指标值的标定，方便设计者快速合理地选用。

④ 考虑道路是三维的空间路径，提出了空间线形连续性概念，建立了线形参数方程，并基于空间曲线相对不变物理量曲率和挠率的特性，构建了两种评价模型分别用于空间线形安全评价，建立了曲率/挠率变化与事故率之间的定量关系。

⑤ 提出了相对事故率与综合评价指标的概念，构建了评价的数学模型，并加入驾驶员修正系数 K_D 的影响，运用多元线形回归分析，采用无量纲化的标准系数建立了道路线形综合评价指标，标定了评价模型的安全水平。

第二节 展望

本书针对道路线形指标选用及安全评价进行了一系列研究，取得了一定的成果。由于道路线形设计指标众多，各自对交通安全的影响差异又很大，受诸多环境因素的影响，需要进一步研究的东西还有很多；另外，受时间、工作量和科研水平的影响，还存在一定的问题有待进一步完善。

① 可靠度理论在道路线形设计中的应用无疑是设计理念的革新，但本书将道路线形设计指标看作变量，对指标变量的概率分布未进行深入探讨；对于更大范围的交通工程领域，未明确统一不同致因的事故分布特征。因此，未来需要尝试分析道路线形设计指标对交通安全影响中作为变量的设计指标概率的分布状况。

② 道路作为工程类学科，对设计施工的精度要求并非极致苛刻，然而基于可靠度理论的数学方法或是抽样仿真手段可以做到非常精确，但这需要投入大量的时间和精力。如选用高阶可靠度计算（二阶以上），计算极限状态需要求解非线性方程，过程非常繁琐甚至无解；采用一阶可靠度法可以很轻松地进行线形化处理，但这势必会造成精度的下降，甚至出现错误解。因此，对于在道路设计指标选用可靠度数学方法上还需要继续论证。

③ 基于三维空间线形考虑，建立的指标组合与事故率之间的关系均需要收集大量的事故数据进行反复试验和回归标定，显然事故获取的准确性和数量大小关系到模型的准确性和可靠性。因此，在数据分析和挖掘上还需要进行更加深入的研究。

④ 依据相关研究基础和事故数据的处理，构建和标定线形评价指标具有一定的应用价值，如果能够进行实车试验并加以修订，那么线形指标的安全评价将更有意义。

以上限于工作量与时间的约束，对于未来可能深入的研究工作进行了梳理，希望在道路设计的初步阶段就消除影响交通安全的隐患，为减少道路全寿命周期中的交通事故早做准备。

参考文献

[1] 交通运输部. 2021 年交通运输行业发展统计公报[DB/OL]. (2022-05-25)[2023-02-21]. https://xxgk.mot.gov.cn/2020/jigou/zhghs/202205/t20220524_3656659.html.

[2] 国家统计局. 交通事故数据[DB/OL]. [2023-02-21]. https://data.stats.gov.cn/easyquery.htm?cn=C01&zb=A0S0D01&sj=2022.

[3] 中华人民共和国交通运输部. 公路路线设计规范: JTG D20—2017[S]. 北京: 人民交通出版社, 2017.

[4] 中华人民共和国交通运输部. 公路工程技术标准: JTG B01—2014[S]. 北京:人民交通出版社, 2015.

[5] 中华人民共和国住房和城乡建设部. 城市道路工程设计规范: CJJ37—2016[S]. 北京:中国建筑工业出版社, 2016.

[6] AASHTO. A police on geometric design of highways and streets[S]. Washington D. C. : American Association of State Highway and Transportation Officials, 2011.

[7] 中华人民共和国交通运输部. 公路项目安全性评价指南: JTG/T B05—2004[S]. 北京: 人民交通出版社, 2004.

[8] 美国联邦公路局 (FHWA). Interactive Highway Safety Design Model, IHSDM[DB/OL]. [2023－3－15]http://www.fhwa.dot.gov/research/tfhrc/projects/safety/comprehensive/ihsdm/.

[9] FHWA. Flexibility in highway design[S]. Washington D. C. : U. S. Department of Transportation, Federal Highway Administration, 2004.

[10] 日本交通公社. OECD 观光资料[M]. 东京：日本交通公社，1976.
[11] 王路. 道路线形设计指标选用及安全评价研究[D]. 南京：东南大学，2017.
[12] 周正伟. 道路几何设计部分设计指标适用性研究[D]. 南京：东南大学，2015.
[13] 王路，程建川. 基于可靠度的高速公路准临界坡长[J]. 东南大学学报(自然科学版)，2018，48(1)：181-187.
[14] 付文群，马泽欣，黎康. 考虑道路线形拟合的高速公路改扩建加铺设计研究[J]. 公路，2021，66(10)：97-103.
[15] 张驰，王世伟，黄星，等. 基于多因素的道路线形拟合方法综合评价[J]. 公路交通科技，2017，34(1)：54-60.
[16] 王雪松，刘姣，吴杏薇. 山区高速公路相邻组合路段设计安全评估[J]. 同济大学学报(自然科学版)，2016，44(11)：1681-1686.
[17] 张敏，张驰，杨琼. 道路平、纵线形组合路段错视觉评价[J]. 中国科技论文，2015，10(16)：1900-1906.
[18] 潘兵宏，王开明，赵胜林，等. 可用作公路缓和曲线的 K 型曲线数学模型及其特点分析[J]. 长安大学学报(自然科学版)，2020，40(3)：33-41.
[19] 葛婷，符锌砂，李海峰，等. 公路三维线形设计及约束建模[J]. 华南理工大学学报(自然科学版)，2016，44(8)：91-97.
[20] 丰明洁，王婷，王雪松，等. 山区高速公路平纵组合路段设计安全评估[J]. 北京工业大学学报，2018，44(6)：919-925.
[21] 陈亦新，王雪松. 山区高速公路组合线形路段车道偏移行为[J]. 中国公路学报，2018，31(4)：98-104.
[22] 冯阳飞. 基于遗传算法的道路平面线形组合设计参数优化[J]. 中外公路，2020，40(6)：1-6.
[23] 符锌砂，葛婷，李海峰，等. 基于公路三维线形几何特性的行车安全分析[J]. 中国公路学报，2015，28(9)：24-29.

[24] 王晓飞，李思雨，陈迷，等. 平凸曲线组合均衡性对公路安全性的影响[J]. 华南理工大学学报(自然科学版)，2022，50(7)：76-84.

[25] 秦雅琴，谢碧珊，杨文臣，等. 山区公路高风险路段安全研究综述[J]. 昆明理工大学学报(自然科学版)，2020，45(3)：118-127.

[26] 张志伟，伍刚，骆中斌，等. 基于公路线形与运行速度一致性的速度控制方法[J]. 公路，2016，61(11)：17-23.

[27] 李岩岩，艾力·斯木吐拉，伊力扎提·艾力. 驾驶员脑电特性与高原公路线形关系的试验分析[J]. 中国安全科学学报，2015，25(9)：3-7.

[28] 杨永红，夏元波，王杰聪，等. 边坡约束条件下的三维动态视距计算方法[J]. 东南大学学报(自然科学版)，2020，50(5)：983-990.

[29] 王羽尘，于斌，陈晓阳，等. 基于激光雷达点云的道路几何信息提取与数字化建模研究[J]. 中国公路学报，2023，36(3)：45-60.

[30] 张宜洛，邓展伟，郭创. 基于 BIM 技术的公路工程正向设计应用探究[J]. 公路，2020，65(9)：176-183.

[31] 王楠，郭乃胜，郭晓阳，等. 基于 Civil 3D 的公路线形连续性评价与应用[J]. 大连海事大学学报，2021，47(3)：104-110.

[32]《中国公路学报》编辑部. 中国道路工程学术研究综述·2013[J]. 中国公路学报，2013，26(3)：1-36.

[33]《中国公路学报》编辑部. 中国交通工程学术研究综述·2016[J]. 中国公路学报，2016，29(6)：1-161.

[34] 杨晨，程建川. 基于可靠度的道路不设缓和曲线最小半径的计算[J]. 公路交通科技，2013，30(7)：7-11.

[35] 刘建蓓，郭忠印，胡江碧，等. 公路路线设计安全性评价方法与标准[J]. 中国公路学报，2010，23(S1)：28-35.

[36] 王晓飞，姚江贝. 基于公路三维空间线形连续性的安全性分析及应用[J]. 公路，2022，67(1)：92-96.

[37] 邢小亮，陈雨人，李璨，等. 基于高速公路空间几何特性的线形协调

性设计评价[J]. 同济大学学报(自然科学版), 2022, 50(8): 1180-1188.
[38] 王晓飞, 姚江贝, 丁振中. 三维空间路线连续性衰退对公路安全性影响分析[J]. 中国公路学报, 2021, 34(1): 157-166.
[39] 郭启明, 王雪松, 陈志贵. 基于驾驶模拟实验的山区高速公路运行速度建模[J]. 同济大学学报(自然科学版), 2019, 47(7): 1004-1010.
[40] 王雪松, 王婷, 陈亦新. 基于驾驶模拟技术的公路隧道车道宽度运行影响分析[J]. 中国安全科学学报, 2016, 26(6): 36-41.
[41] 张晖, 查尔斯·阿托姆博, 张琦, 等. 考虑道路平曲线设计的驾驶疲劳对车道保持能力影响研究[J]. 交通信息与安全, 2017, 35(2): 9-15.
[42] 张玥. 基于横向力系数的公路平曲线半径及超高取值方法研究[J]. 中外公路, 2015, 35(2): 5-9.
[43] 邢小亮, 陈雨人, 李璨, 等. 基于高速公路空间几何特性的线形协调性设计评价[J]. 同济大学学报(自然科学版), 2022, 50(8): 1180-1188.
[44] 阎莹, 张迎, 李庚凭, 等. 基于速度特征指标的高速公路线形一致性综合评价[J]. 安全与环境学报, 2017, 17(3): 835-839.
[45] 陈志贵, 王雪松, 张晓春, 等. 山区高速公路驾驶人加减速行为建模[J]. 中国公路学报, 2020, 33(7): 167-175.
[46] 廖军洪, 邵春福, 邬洪波, 等. 公路三维动态视距计算方法及评价技术[J]. 吉林大学学报(工学版), 2013, 43(03): 640-645.
[47] 廖军洪, 邵春福, 邬洪波, 等. 连续长大下坡心率与线形指标关系模型[J]. 交通运输系统工程与信息, 2012, 12(4): 184-189.
[48] 符锌砂, 何石坚, 鲁岳, 等. 公路线形评价方法的工程实用性探讨[J]. 中外公路, 2018, 38(1): 5-10.
[49] 王芳, 李晓光, 郭慧, 等. 基于驾驶员视觉兴趣区的沙漠草原公路

曲线间直线段线形指标优化[J]. 吉林大学学报(工学版), 2020, 50(1): 114-120.

[50] 张驰，罗昱伟，白浩晨，等. 多车道匝道视距评价与优化方法研究[J]. 交通信息与安全, 2019, 37(6): 32-39.

[51] 宁航，赵祥模，南春丽，等. 基于道路线形的智能汽车事故多发路段预判模型[J]. 中国公路学报, 2021, 34(3): 183-192.

[52] BAUER K M, HARWOOD D W. Safety effects of horizontal curve and grade combinations on rural two-lane highways[J]. Transportation Research Record: Journal of the Transportation Research Board, 2013, 2398(1): 37-49.

[53] EASA S M, CHENG J C. Reliability analysis of minimum pedestrian green interval for traffic signals[J]. Journal of Transportation Engineering, 2013, 139(7): 651-659.

[54] ZHANG H, ZHANG M, ZHANG C, et al. Formulating a GIS-based geometric design quality assessment model for mountain highways[J]. Accident Analysis and Prevention, 2021, 157(12): 106172.

[55] KALITA K, MAURYA K A. Probabilistic geometric design of highways: a review[J]. Transportation Research Procedia, 2020, 48: 1244-1253.

[56] FINDLEY D J, SCHROEDER B J, CUNNINGHAM C M, et al. Highway engineering: planning, design, and operations[M]. Elsevier, 2016.

[57] KANG M W, SHARIAT S, JHA M K. New highway geometric design methods for minimizing vehicular fuel consumption and improving safety[J]. Transportation Research, Part C: Emerging Technologis, 2013, 31: 99-111.

[58] STAMATIADIS N, KIRK A, WRIGHT L. Context classification: a

new approach for improving highway design[J]. Transportation Research Procedia, 2023, 69: 45-52.

[59] ALKHEDER S, AL GHARABALLY H, AL MUTAIRI S, et al. An impact study of highway design on casualty and non-casualty traffic accidents[J]. Injury, 2022, 53(2): 463-474.

[60] HIRPA D, HARE W, LUCET Y, et al. A bi-objective optimization framework for three-dimensional road alignment design[J]. Transportation Research Part C: Emerging Technologies, 2016, 65(4): 61-78.

[61] SHIN J, LEE I. Reliability analysis and reliability-based design optimization of roadway horizontal curves using a first-order reliability method[J]. Engineering Optimization, 2015, 47(5): 622-641.

[62] HIMES S C, DONNELL E T. Reliability approach to horizontal curve design[J]. Transportation Research Record: Journal of the Transportation Research Board, 2014, 2436(1): 51-59.

[63] WANG L, CHENG J C. Dynamics simulation-based safety evaluation for highway geometric design[C]// 20th COTA International Conference of Transportation Professionals. 2020.

[64] MUSUNURU A. A reliability-based geometric design approach to freeway number of lanes decisions[D]. Salt Lake City: The University of Utah, 2014.

[65] CAMACHO-TORREGROSA J F, PÉREZ-ZURIAGA M A, CAMPOY-UNGRÍA M J, et al. New geometric design consistency model based on operating speed profiles for road safety evaluation [J]. Accident Analysis and Prevention, 2013, 61: 33-42.

[66] WU K F, DONNELL T E, HIMES C S, et al. Exploring the association between traffic safety and geometric design consistency based on vehicle speed metrics[J]. Journal of Transportation Engineering, 2013, 139(7): 738-748.

附 录

附录 A：道路设计参数表数据提取 VBA 代码

```
Option Explicit
Public ssbPath As String
Public zbbPath As String
Public Xishu As String
Sub main()
    Dim mypath As String
    Dim endRow As Long
    Dim i As Long, Num As String
    Dim arr, brr, p, tmp
    Dim sh As Worksheet
    Dim d1 As Object, d2 As Object
    Dim z As Double
    Dim iWidth As Double, iHeight
    Dim wk As Workbook
    Dim ssbWK As Workbook
    Dim zbbWK As Workbook
    Application.ScreenUpdating=False
    mypath=ThisWorkbook.Path
    Set ssbWK=Workbooks.Open(ssbPath)
    Set d1=CreateObject("scripting.dictionary")
    Set d2=CreateObject("scripting.dictionary")
    With ssbWK
```

```
        With. ActiveSheet
            endRow=. Cells(. Rows. Count, 1). End(3). Row
            If endRow < 9 Then MsgBox "设计表不能为空!":
              Exit Sub
            arr=. Range("a8:aj" & endRow)
            For i=2 To UBound(arr)
                z=arr(i, 10)
                iWidth=arr(i, 13)+arr(i, 14)
                If iWidth <> 0 Then
                    iHeight=2 * (arr(i,18)-arr(i,17))/iWidth
                Else
                    iHeight=0
                End If
                d1(arr(i,1))=z&"|"& iWidth & "|" & iHeight
            Next i
            Erase arr
        End With
        . Close False
    End With

    Set zbbWK=Workbooks. Open(zbbPath)
    With zbbWK
        For Each sh In zbbWK. Worksheets
            With sh
                endRow=. Cells(. Rows. Count,1). End(3). Row
                If endRow > 6 Then
                    brr=. Range("a6:s" & endRow)
                    For i=2 To UBound(brr)
```

```
                If brr(i, 1) <> "" Then
                    d2(brr(i,1))=brr(i,2) & "|" & brr(i,3)
                End If
                If brr(i, 6) <> "" Then
                    d2(brr(i,6))=brr(i,7) & "|" & brr(i,8)
                End If
                If brr(i, 11) <> "" Then
                    d2(brr(i,11))=brr(i,12) & "|" & brr(i,13)
                End If
                If brr(i, 16) <> "" Then
                    d2(brr(i,16))=brr(i,17) & "|" & brr(i,18)
                End If
            Next i
            Erase brr
        End If

    End With
  Next sh

  .Close False
End With

If Dir(mypath & "\道路建模数据.xls") <> "" Then Kill
  mypath & "\道路建模数据.xls"
Call createTable(mypath,"道路建模数据")
Set wk=Workbooks("道路建模数据.xls")
With wk
    With.ActiveSheet
```

```
    .Range("a1:h1")=Split("桩号,x,y,z,路面宽,超高,
      摩擦系数,摩擦系数", ",")
    '              .Range("a2").Resize(d1.Count, 1)=
                      WorksheetFunction.Transpose
                      (d1.keys)
    '              arr=.Range("a1").CurrentRegion
    p=d1.keys
    ReDim brr(1 To d1.Count, 1 To 8)
    For i=1 To UBound(brr)
        brr(i, 1)=p(i - 1)

        tmp=Split(d2(brr(i, 1)), "|")
        brr(i, 2)=tmp(0)
        brr(i, 3)=tmp(1)
        tmp=Split(d1(brr(i, 1)), "|")
        brr(i, 4)=tmp(0)
        brr(i, 5)=tmp(1)
        brr(i, 6)=Format(tmp(2), "0.000000")
        brr(i, 7)=Xishu
        brr(i, 8)=Xishu
    Next i
    .Range("a2").Resize(UBound(brr), UBound(brr,
      2))=brr
    .Columns.AutoFit
End With
Application.DisplayAlerts=False
.Close True
Application.DisplayAlerts=True
```

```
    End With
    Application.ScreenUpdating=True
    MsgBox "成功生成文件,位置为" & mypath & "\道路建模数
      据.xls"
End Sub
Public Sub createTable(mypath, wkname)
    Dim wb, i
    If Dir(mypath & "\" & wkname)="" Then
        Set wb=Workbooks.Add
        wb.SaveAs mypath & "\" & wkname, FileFormat:=xl-
          Normal 'xlOpenXMLWorkbook
    Else
        Set wb=Workbooks.Open(mypath & "\" & wkname)
    End If
End Sub
Sub ShowUserForm()
    UserForm1.Show
End Sub
```

附录 B: 基于 MATLAB 脑电波数据处理代码

```
clear all;
for i=1:6
    for j=40:20:60
        filename{1}=['平曲线',num2str(i),'-',num2str(j)];
        [A,m]=datatrans(filename);
        e=mod(m,8);
        n=(m-e)/8;
          ppbw(A,m,n,e,filename);
    end
end
for i=1:3
        filename{1}=['平纵组合',num2str(i)];
        [A,m]=datatrans(filename);
        if size(A,2)==4
        else
            for k=9:m
                if A(k,5)~=0
                    break
                end
            end
             B=A(k:m,5);
        end
        e=mod(m,8);
        n=(m-e)/8;
```

```
end

function ppbw(A,m,n,e,filename)
C(:,1)=A(9:m,4)./(A(9:m,2)+A(9:m,3));
B=zeros(n,1);
for k=1:n-1
    B(k,1)=mean(C(8*k-7:8*k,1));
end
B(n,1)=mean(C(8*n-7:8*n-8+e,1));
figure(3);
plot(0:0.125:0.125*(m-9),C(:,1),'k');
line([0,0.125*(m-9)],[mean(C(10:n,1)),mean(C(10:n,
 1))]);
set(gca,'YLim',[0 1]);
legend('脑电波\beta 比率');
saveas(gcf,['脑电波 beta 比率',filename{1},'.jpg']);
end
```

附录 C：基于可靠度坡长计算 Visual Basic 代码

```
Dim i, S, L As Double
Dim v As Integer
Private Sub text2_change()
i=Val(text2.Text)
End Sub
Private Sub Text3_Change()
S=Val(Text3.Text)
End Sub
Private Sub Text4_Change()
L=Val(Text4.Text)
End Sub
Private Sub Command1_Click()
If Option1.Value=True Then
    If i < 2.5 Then
      MsgBox "输入值不是准临界坡度!"
    Else
    If i > 6 Then
      MsgBox "输入值超出临界坡度!"
    Else
    If 2.5 <= i <= 6 Then
      If i <= 2.6 Then
        Text4.Text=1800 - 195 * (i - 2.5) * 10
      Else
        If i < 2.7 Then
```

```
        Text4. Text=1605 − 180 *(i − 2.6) * 10
      Else
        If i < 2.8 Then
          Text4. Text=1425 − 150 *(i − 2.7) * 10
        Else
          If i < 2.9 Then
            Text4. Text=1275 − 125 *(i − 2.8) * 10
          Else
            If i < 3 Then
              Text4. Text=1150 − 100 *(i − 2.9) * 10
            Else
              If i < 4 Then
                Text4. Text=1050 − 400 *(i − 3)
              Else
                If i < 5 Then
                  Text4. Text=650 − 100 *(i − 4)
                Else
                  If i <= 6 Then
                    Text4. Text=550 − 100 *(i − 5)
                  End If
                End If
              End If
            End If
          End If
        End If
      End If
    End If
  End If
```

```
    End If
    End If
End If

If Option2. Value=True Then
    If i < 2. 5 Then
      MsgBox "输入值不是准临界坡度!"
    Else
    If i > 5 Then
      MsgBox "输入值超出临界坡度!"
    Else
    If 2. 5 <= i <= 5 Then
      If i <= 2. 6 Then
        Text4. Text=1000 - 70 *(i - 2. 5) * 10
      Else
        If i < 2. 7 Then
          Text4. Text=930 - 60 *(i - 2. 6) * 10
        Else
          If i < 2. 8 Then
            Text4. Text=870 - 45 *(i - 2. 7) * 10
          Else
            If i < 2. 9 Then
              Text4. Text=825 - 40 *(i - 2. 8) * 10
            Else
              If i < 3 Then
                Text4. Text=785 - 35 *(i - 2. 9) * 10
              Else
                If i < 4 Then
```

```
                Text4.Text=750 - 200 *(i - 3)
              Else
                If i <= 5 Then
                  Text4.Text=550 - 100 *(i - 4)
                Else
                End If
              End If
            End If
          End If
        End If
      End If
    End If
  End If
  End If
  End If
End If

If Option3.Value=True Then
  If i < 2.5 Then
    MsgBox "输入值不是准临界坡度!"
  Else
  If i > 4 Then
    MsgBox "输入值超出临界坡度!"
  Else
  If 2.5 <= i <= 4 Then
    If i <= 2.6 Then
      Text4.Text=850 - 30 *(i - 2.5) * 10
    Else
```

```
        If i < 2.7 Then
          Text4.Text=820 - 40 *(i - 2.6) * 10
        Else
          If i < 2.8 Then
            Text4.Text=780 - 30 *(i - 2.7) * 10
          Else
            If i < 2.9 Then
              Text4.Text=750 - 20 *(i - 2.8) * 10
            Else
              If i < 3 Then
                Text4.Text=730 - 30 *(i - 2.9) * 10
              Else
                If i <= 4 Then
                  Text4.Text=700 - 170 *(i - 3)
                Else
                End If
              End If
            End If
          End If
        End If
      End If
    End If
    End If
    End If
End If

End Sub
```

```
Private Sub Command2_Click()
If L <= S Then
Text5.Text=Round((1 - (S - L) / L) * 100, 2) & "%"
Else
Text5.Text=100 & "%"
End If
End Sub

Private Sub Command3_Click()
text2.Text=""
Text3.Text=""
Text4.Text=""
Text5.Text=""
Option1=False
Option2=False
Option3=False
End Sub
```

附录 D：加宽数值计算 MATLAB 部分主要代码

function varargout = Widing (varargin) Z% WIDING MATLAB code for Widing. fig

% WIDING, by itself, creates a new WIDING or raises the existing singleton * .

% H=WIDING returns the handle to a new WIDING or the handle to the existing singleton * .

% WIDING('CALLBACK',hObject,eventData,handles,...) calls the local

% function named CALLBACK in WIDING. M with the given input arguments.

% WIDING('Property','Value',...) creates a new WIDING or raises the existing singleton * .

Starting from the left,property value pairs are

% applied to the GUI before Widing _ OpeningFcn gets called. An unrecognized property name or invalid value makes property application

```
function pushbutton xxx_Callback(hObject, eventdata, handles)
answer=inputdlg({'输入 xxx'},'输入',1,{'0 '});
M=str2num(answer{1});
handles. M=M;
set(handles. edit xxx,'string',num2str(handles. M));
guidata(hObject,handles);
```

```
function listbox xxx_Callback(hObject, eventdata, handles)
FB=0;
q_idx=get(handles.listbox xxx,'value');
if q_idx==1
    FB=0.15;
else
    FB=0;
end;
handles.FB=FB;
set(handles.edit xxx,'string',num2str(handles.FB));
guidata(hObject,handles);

function pushbutton xxx_Callback(hObject, eventdata, handles)
CCR=(180/3.14159)*(handles.B/(2*handles.A)+handles.C/
    handles.A + handles.D/(2 * handles.A))/(handles.B +
    handles.C+handles.D);
W1=handles.F*handles.E;
W2=handles.E*(handles.G+handles.A-sqrt((handles.A)^2-
    ((handles.H)^2 + (handles.I)^2 + (handles.J)^2))) +
    (handles.E-1)*(sqrt((handles.A)^2+handles.MF*(2*
    handles.K+handles.MF))-handles.A);
if handles.M>=40 && handles.M<=70
        V = exp(-2.248 - 1.183 * log(1/CCR) + 0.923 * log
            (handles.M^2))/100;
else if handles.M>=75 && handles.M<=100
        V = exp(-1.121 - 1.274 * log(1/CCR) + 0.872 * log
            (handles.M^2))/100;
    else if handles.M>=105 && handles.M<=140
```

```
            V=exp(-1.160-0.744*log(1/CCR)+0.444*log
              (handles.M^2))/100;
        end;
    end;
end;
W3=V+0.1*(handles.M/sqrt(handles.A))+handles.E*han-
  dles.N;
W=W2+W3-W1.
```